簿　記　実　務　検　定

ステップ バイ ステップ

13 訂 版

2　級

JN132505

1 現金過不足の記帳

次の取引の仕訳を示しなさい。

(1) 現金の実際有高を調べたところ，帳簿残高より ¥21,000 不足していた。
　　現金　　　　　　　　　　　　　　　　　　　　　　　　　　現金過不足

(2) かねて調査中であった現金不足額のうち ¥15,000 は，発送費の記帳もれである
　　　　　　　　　　　　　現金過不足　　　　　　　　　　発送費
ことが判明した。

(3) かねて調査中であった現金不足額 ¥6,000 は，決算日になっても，その原因が不
　　　　　　　　　　　　　現金過不足
明なので，雑損として処理した。
　　　　　雑損

(4) 現金の実際有高を調べたところ，帳簿残高より ¥4,500 多かった。
　　現金　　　　　　　　　　　　　　　　　　　　　　　　現金過不足

(5) かねて調査中であった現金過剰額のうち ¥3,000 は，受取手数料の記帳もれであ
　　　　　　　　　　　　　現金過不足　　　　　　　　　　受取手数料
ることが判明した。

(6) かねて調査中であった現金過剰額 ¥1,500 は，決算日になっても，その原因が不
　　　　　　　　　　　　　現金過不足
明なので，雑益として処理した。
　　　　　雑益

次の取引の仕訳を示しなさい。

(1) 現金の実際有高を調べたところ，帳簿残高より ¥25,000 不足していた。
（借）　　　　　　　　　　　　　　　　（貸）

(2) かねて調査中であった現金不足額のうち ¥18,000 は，消耗品費の記帳もれであること
が判明した。
（借）　　　　　　　　　　　　　　　　（貸）

(3) かねて調査中であった現金不足額のうち ¥7,000 は，決算日になっても，その原因が不
明なので，雑損とした。
（借）　　　　　　　　　　　　　　　　（貸）

(4) かねて調査中であった現金過剰額のうち ¥12,000 は，受取地代の記帳もれであること
が判明した。
（借）　　　　　　　　　　　　　　　　（貸）

(5) かねて調査中であった現金過剰額のうち ¥1,000 は，決算日になっても，その原因が不
明なので，雑益とした。
（借）　　　　　　　　　　　　　　　　（貸）

	現金過不足				現金過不足	
	不　足　額	（原因判明） 雑損振替			（原因判明） 雑益振替	過　剰　額

(1) （借）　現 金 過 不 足　*21,000*　　（貸）　現　　　　　金　*21,000*

(2) （借）　発　　送　　費　*15,000*　　（貸）　現 金 過 不 足　*15,000*

(3) （借）　雑　　　　　損　*6,000*　　（貸）　現 金 過 不 足　*6,000*

(4) （借）　現　　　　　金　*4,500*　　（貸）　現 金 過 不 足　*4,500*

(5) （借）　現 金 過 不 足　*3,000*　　（貸）　受 取 手 数 料　*3,000*

(6) （借）　現 金 過 不 足　*1,500*　　（貸）　雑　　　　　益　*1,500*

STEP 2 ▶ **発展問題** チャレンジしよう　　　　　　（解答⇨*p.2*）

次の取引の仕訳を示しなさい。

(1) かねて調査中であった現金不足額のうち*¥6,000*は，発送費の支払いの記帳もれである
ことが判明した。

　　（借）　　　　　　　　　　　　　（貸）

(2) かねて調査中であった現金不足額*¥1,000*は，決算日になっても，その原因が判明しな
かったので，雑損とした。

　　（借）　　　　　　　　　　　　　（貸）

(3) 現金の実際有高を調べたところ，帳簿残高より*¥2,000*少なかった。よって，帳簿残高
を修正して，その原因を調査することにした。　　　　　　　　　　　（全商88回）

　　（借）　　　　　　　　　　　　　（貸）

(4) かねて調査中であった現金過不足勘定の残高*¥3,000*は，決算日に雑益とした。

　　（借）　　　　　　　　　　　　　（貸）

覚えよう

✣　現金の不足額は，現金過不足勘定の借方に記入する。

✣　現金の過剰額は，現金過不足勘定の貸方に記入する。

2 当座預金と当座借越の記帳

BASIS 　基本例題　完全にマスターしよう

次の取引の仕訳を示しなさい。

(1)　西北銀行と当座取引を開始し，現金￥300,000 を当座預金に預け入れた。
　　　　　　　　　　　　　　　　　　　　　　現金　　　　　　　　　当座預金

(2)　新宿商店振り出しの小切手￥200,000 を当座預金に預け入れた。
　　　　現金　　　　　　　　　　　　　　　　当座預金

(3)　原宿商店から，売掛金の一部￥150,000 を同店振り出しの小切手で受け取り，た
　　　　　　　　　　売掛金
だちに当座預金に預け入れた。
　　　当座預金

(4)　目白商店に対する買掛金￥400,000 を，小切手を振り出して支払った。ただし，
　　　　　　　　　　　　　　買掛金　　　　　　小切手を振り出して支払った。ただし，
当座預金勘定の残高は￥500,000 である。　　当座預金

(5)　池袋商店に対する買掛金￥400,000 を，小切手を振り出して支払った。ただし，
　　　　　　　　　　　　　　買掛金　　　　　　小切手を振り出して支払った。ただし，
当座預金勘定の残高は￥300,000 であり，限度額を￥500,000 とする当座借越契約
　　　　　当座預金
を結んでいる。

STEP 1 　基本問題　実力をアップしよう　　　　　　　　　　　　（解答⇨*p.2*）

次の取引の仕訳を示しなさい。

(1)　東西銀行と当座取引を開始し，現金￥500,000 を当座預金に預け入れた。
　　（借）　　　　　　　　　　　　　　　（貸）

(2)　青森商店から，手数料として同店振り出しの小切手￥60,000 を受け取り，ただちに当座
預金とした。
　　（借）　　　　　　　　　　　　　　　（貸）

(3)　秋田商店から売掛金￥300,000 を送金小切手で受け取り，ただちに当座預金とした。
　　（借）　　　　　　　　　　　　　　　（貸）

(4)　岩手商店は小切手を振り出して，現金￥200,000 を引き出した。
　　（借）　　　　　　　　　　　　　　　（貸）

(5)　福島商店に対する買掛金￥100,000 を小切手を振り出して支払った。ただし，当座預金
勘定の残高は￥70,000 であり，限度額を￥300,000 とする当座借越契約を結んでいる。
　　（借）　　　　　　　　　　　　　　　（貸）

覚えよう

✣　当座預金に預け入れたときは，当座預金勘定の借方に記入する。

✣　小切手を振り出したときは，当座預金勘定の貸方に記入する。ただし，当座預金勘定
の残高を超えた金額は，銀行から借り入れたことになるので，当座借越勘定（負債の勘定）
の貸方に記入する。

		当 座 預 金	
		預け入れ高	引き出し高 （小切手振出高）

(1)	（借）	当 座 預 金	300,000	（貸）	現　　　金	300,000
(2)	（借）	当 座 預 金	200,000	（貸）	現　　　金	200,000
(3)	（借）	当 座 預 金	150,000	（貸）	売　掛　金	150,000
(4)	（借）	買　掛　金	400,000	（貸）	当 座 預 金	400,000
(5)	（借）	買　掛　金	400,000	（貸）	当 座 預 金	300,000
					当 座 借 越	100,000

STEP 2 　発展問題　チャレンジしよう　　　　　（解答⇨p.2）

次の取引の仕訳を示しなさい。

(1) 千葉商店から売掛金￥430,000 を同店振り出しの小切手で受け取り，ただちに当座預金に預け入れた。　　　　　　　　　　　　　　　　　　　　　　　　　（全商73回）

（借）　　　　　　　　　　　　　　　　（貸）

(2) 島根商店に対する買掛金￥210,000 を小切手を振り出して支払った。ただし，当座預金勘定の残高は￥300,000 である。　　　　　　　　　　　　　　　　　（全商77回）

（借）　　　　　　　　　　　　　　　　（貸）

(3) 鹿児島商店から売掛金￥700,000 を同店振り出しの小切手で受け取り，ただちに当座預金に預け入れた。　　　　　　　　　　　　　　　　　　　　　（全商82回一部修正）

（借）　　　　　　　　　　　　　　　　（貸）

(4) 新潟商店に対する買掛金￥140,000 を小切手を振り出して支払った。ただし，当座預金勘定の残高は￥40,000 であり，限度額を￥600,000 とする当座借越契約を結んでいる。

（全商84回）

（借）　　　　　　　　　　　　　　　　（貸）

(5) 従業員から預かっていた社会保険料￥60,000 および会社負担の社会保険料￥70,000 を小切手を振り出して納付した。ただし，従業員から預かっていた社会保険料については社会保険料預り金勘定で処理し，会社負担の社会保険料については法定福利費勘定で処理する。また，当座預金勘定の残高は￥100,000 であり，限度額を￥500,000 とする当座借越契約を結んでいる。

現金出納帳の記帳

次の取引を現金出納帳に記入して締め切りなさい。

取　引

1月25日　取引銀行の普通預金から，現金 ¥200,000 を引き出した。

　　30日　島根商店に対する買掛金 ¥250,000 を現金で支払った。

解　答

現 金 出 納 帳
2

令和○年		摘　　　　要	収　　入	支　　出	残　　高
1	25	前ページから	960,000		960,000
	25	取引銀行，普通預金引き出し	200,000		1,160,000
	30	島根商店に買掛金支払い		250,000	910,000
	31	次月繰越		910,000←	残高を記入。
			1,160,000	1,160,000	

締め切りは計算線1本，締切線2本である。

（解答⇨**p.2**）

次の取引を現金出納帳に記入して締め切りなさい。

取　引

1月15日　広島商店に対する買掛金の一部 ¥150,000 を現金で支払った。

　　29日　岡山商店に対する売掛金 ¥240,000 を同店振り出しの小切手＃7で回収した。

解　答

現 金 出 納 帳
2

令和○年		摘　　　　要	収　　入	支　　出	残　　高
		前ページから	500,000		500,000

覚えよう

❖　現金出納帳は，現金収支の明細を記入する補助簿である。

❖　現金出納帳の残高と現金勘定の残高とは，いつも一致する。

4 当座預金出納帳の記帳

BASIS | 基本例題 完全にマスターしよう

次の取引を当座預金出納帳に記入して締め切りなさい。

取 引

1月10日　日光商店から，売掛金の一部 *₩120,000* を同店振り出しの小切手#
22で受け取り，ただちに当座預金に預け入れた。

31日　高崎商店に，買掛金 *₩270,000* を小切手#35を振り出して支払った。

解 答

当 座 預 金 出 納 帳　　　　　　1

令和 ○年		摘　　　　要	預　入	引　出	借また は 貸	残　高
1	1	前 月 繰 越	*360,000*		借	*360,000*
	10	日光商店から売掛金回収　小切手#22	*120,000*		〃	*480,000*
	31	高崎商店に買掛金支払い　小切手#35		*270,000*	〃	*210,000*
	〃	次 月 繰 越		*210,000*		
			480,000	*480,000*		

1本線

2本線

STEP 2 | 発展問題 チャレンジしよう　　　　　　(解答⇨*p.3*)

静岡商店における1月7日の取引と当座預金出納帳から，（　ア　）と（　イ　）の金額を求めなさい。ただし，限度額を *₩200,000* とする当座借越契約を結んでいる。

(全商80回一部修正)

取 引

1月7日　島田商店から売掛金 *₩247,000* を同店振り出しの小切手#4で受け取り，ただちに当座預金に預け入れた。

当 座 預 金 出 納 帳　　　　　　1

令和 ○年		摘　　　　要	預　入	引　出	借また は 貸	残　高
1	1	前 月 繰 越	*80,000*		借	*80,000*
	5	浜松商店から商品仕入れ　小切手#13		（　ア　）	貸	*20,000*
	7	島田商店から売掛金回収　小切手# 4	（　　　）		借	（　イ　）

解答欄

ア	₩		イ	₩	

覚えよう

❖　当座預金出納帳は，当座預金の預け入れと引き出しの明細を記入する補助簿である。

5 受取手形や支払手形の記帳

BASIS 〉〉 **基本例題** 完全にマスターしよう

次の取引の仕訳を示しなさい。ただし，商品に関する勘定は 3 分法によること。

(1) 千葉商店から受け取っていた約束手形 ¥500,000 を取引銀行で割り引き，割引料
を差し引かれた手取金 ¥497,000 は当座預金とした。
（受取手形）（手形売却損）（当座預金）

(2) 埼玉商店に対する買掛金 ¥100,000 の支払いとして，さきに得意先神奈川商店か
ら受け取っていた約束手形 ¥100,000 を裏書譲渡した。
（買掛金）（受取手形）

(3) 群馬商店から商品 ¥300,000 を仕入れ，代金はさきに栃木商店から受け取ってい
た同店振り出しの約束手形 ¥300,000 を裏書譲渡した。
（仕入）（受取手形）

(4) 茨城商店に対する買掛金のうち ¥250,000 について，同店あての約束手形
¥250,000 を振り出して支払った。
（買掛金）（支払手形）

STEP 1 〉〉 **基本問題** 実力をアップしよう （解答⇨*p.3*）

次の取引の仕訳を示しなさい。ただし，商品に関する勘定は 3 分法によること。

(1) 青森商店から受け取っていた約束手形 ¥450,000 を取引銀行で割り引き，割引料を差
し引いた手取金 ¥449,000 は当座預金とした。

（借）　　　　　　　　　　　　　　　　（貸）

(2) 岩手商店に対する買掛金 ¥200,000 の支払いとして，さきに得意先秋田商店から受け
取っていた約束手形 ¥200,000 を裏書譲渡した。

（借）　　　　　　　　　　　　　　　　（貸）

(3) 宮城商店から商品 ¥450,000 を仕入れ，代金はさきに山形商店から受け取っていた同
店降り出しの約束手形 ¥450,000 を裏書譲渡した。

（借）　　　　　　　　　　　　　　　　（貸）

(4) 福島商店に対する買掛金のうち ¥100,000 について，同店あての約束手形を振り出し
て支払った。

（借）　　　　　　　　　　　　　　　　（貸）

覚えよう

❖ 手形を割り引くと，利息相当額が控除されるので，その差額を手形売却損勘定
で処理する。

(1)	(借)	当 座 預 金	497,000		(貸)	受 取 手 形	500,000
		手 形 売 却 損	3,000				
(2)	(借)	買 掛 金	100,000		(貸)	受 取 手 形	100,000
(3)	(借)	仕 入	300,000		(貸)	受 取 手 形	300,000
(4)	(借)	買 掛 金	250,000		(貸)	支 払 手 形	250,000

STEP 2 | **発展問題** チャレンジしよう （解答⇨*p.3*）

次の取引の仕訳を示しなさい。

(1) 岐阜商店から，商品代金として受け取っていた同店振り出しの約束手形*¥250,000* を取引銀行で割り引き，割引料を差し引かれた*¥249,000* は当座預金とした。 （全商87回）

（借）　　　　　　　　　　　　　　　　（貸）

(2) 富山商店から商品*¥270,000* を仕入れ，代金はさきに得意先新潟商店から受け取っていた約束手形*¥270,000* を裏書譲渡した。 （全商88回）

（借）　　　　　　　　　　　　　　　　（貸）

(3) 岩手商店に対する買掛金の支払いとして，さきに得意先盛岡商店から受け取っていた約束手形*¥380,000* を裏書譲渡した。 （全商92回）

（借）　　　　　　　　　　　　　　　　（貸）

(4) 松本商店から，商品代金として受け取っていた同店振り出しの約束手形*¥300,000* を取引銀行で割り引き，割引料を差し引かれた手取額*¥297,000* は当座預金とした。

（全商90回）

（借）　　　　　　　　　　　　　　　　（貸）

(5) 沖縄商店に対する買掛金の支払いとして，さきに得意先那覇商店から商品代金として受け取っていた約束手形*¥210,000* を裏書譲渡した。 （全商82回）

（借）　　　　　　　　　　　　　　　　（貸）

6 受取手形記入帳への記帳

BASIS **基本例題** 完全にマスターしよう

次の取引を受取手形記入帳に記入しなさい。

取　引

1月10日　神田商店に商品 *₩280,000* を売り渡し，代金は次の約束手形で受け取った。

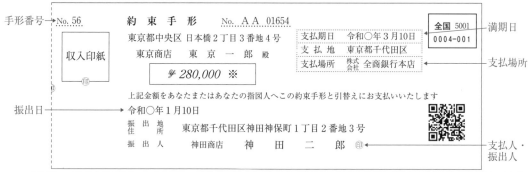

18日　神田商店から10日に受け取った約束手形 *₩280,000* を取引銀行で割り引き，
　　　割引料 *₩3,000* を差し引かれた手取金は，当座預金とした。

解　答

受 取 手 形 記 入 帳

てん末欄には，割引・裏書・取立などを記入する。

18日の取引を記入

令和○年		摘　要	金　額	手形種類	手形番号	支払人	振出人または裏書人	振出日		満期日		支払場所	て　ん　末		
								月	日	月	日		月	日	摘　要
1	10	売　上	280,000	約手	56	神田商店	神田商店	1	10	3	10	全商銀行本店	1	18	割　引

STEP 1 **基本問題** 実力をアップしよう （解答⇨*p.3*）

徳島商店の1月中の下記の取引から，受取手形記入帳に記入しなさい。

取　引

1月8日　香川商店に商品 *₩300,000* を売り渡し，代金として同店振り出しの約束手形＃5
　　　（振出日　1月8日，支払期日　3月8日，支払場所　全商銀行関西支店）
　　　₩300,000 を受け取った。

　28日　香川商店から，商品代金として受け取っていた同店振り出しの約束手形＃5
　　　₩300,000 を取引銀行で割り引き，割引料 *₩3,000* を差し引かれた手取金は当座預
　　　金とした。

解答欄

受 取 手 形 記 入 帳

令和○年		摘　要	金　額	手形種類	手形番号	支払人	振出人または裏書人	振出日		満期日		支払場所	て　ん　末		
								月	日	月	日		月	日	摘　要

7 支払手形記入帳への記帳

BASIS **基本例題** 完全にマスターしよう

大阪商店の下記の取引から，支払手形記入帳に記入しなさい。

取　引

1月20日　京都商店に対する買掛金の一部を，下記の約束手形＃15を振り出して支払った。

3月20日　京都商店あてに振り出していた約束手形＃15 ¥250,000 が支払期日となり，当店の当座預金口座から支払ったとの通知を取引銀行から受けた。

解　答 支 払 手 形 記 入 帳　　3/20の取引を記入

令和○年		摘　要	金　額	手形種類	手形番号	受取人	振出人	振出日		満期日		支払場所	てん末		
								月	日	月	日		月	日	摘要
1	20	買掛金	250,000	約手	15	京都商店	当店	1	20	3	20	北部銀行本店	3	20	支払い

STEP 1 **基本問題** 実力をアップしよう　　　　　　　（解答⇨*p.6*）

次の取引を支払手形記入帳に記入しなさい。

取　引

1月30日　富山商店から商品 ¥320,000 を仕入れ，代金は約束手形＃21（支払期日：4月30日，支払場所：全商銀行）を振り出して支払った。

4月30日　富山商店あてに振り出していた約束手形＃21が支払期日となり，当店の当座預金口座から支払ったとの通知を取引銀行から受けた。

解答欄 支 払 手 形 記 入 帳

令和○年		摘　要	金　額	手形種類	手形番号	受取人	振出人	振出日		満期日		支払場所	てん末		
								月	日	月	日		月	日	摘要

手形の書換

BASIS | **基本例題** 完全にマスターしよう

次の取引の仕訳を示しなさい。

(1) 岡山商店は，鳥取商店あてに振り出していた約束手形𝑊400,000について，支払
　　　　　　岡山商店：支払手形　鳥取商店：受取手形
期日の延期を申し出て，承諾を得たのであらたに約束手形𝑊400,000を振り出して
　　　　　　　　　　　　　　　　　　岡山商店：支払手形　鳥取商店：受取手形
旧手形と交換した。なお，支払期日の延期にともなう利息𝑊2,000は現金で支払った。
　　　　　　　　　　　岡山商店：支払利息　鳥取商店：受取利息

(2) 岡山商店は，鳥取商店あてに振り出していた約束手形𝑊400,000について，支払
　　　　　　岡山商店：支払手形　鳥取商店：受取手形
期日の延期を申し出て，承諾を得たので，支払期日の延期にともなう利息𝑊2,000
　　　　　　　　　　　　　　　　　　　岡山商店：支払利息　鳥取商店：受取利息
を加えた新しい手形を振り出して，旧手形と交換した。
岡山商店：支払手形　鳥取商店：受取手形

(3) 岡山商店は，取引銀行あてに約束手形を振り出して借り入れていた𝑊400,000に
　　　　　　　　　　　　岡山商店：手形借入金　取引銀行：手形貸付金
ついて，支払期日の延期を申し出て，承諾を得たので，新しい約束手形を振り出し
　　　　　　　　　　　　　　　　　　　　　岡山商店：手形借入金　取引銀行：手形貸付金
て旧手形と交換した。なお，支払期日の延期にともなう利息𝑊2,000は現金で支払
　　　　　　岡山商店：支払利息　取引銀行：受取利息
った。

(4) 岡山商店は，取引銀行あてに約束手形を振り出して借り入れていた𝑊400,000に
　　　　　　　　　　　　岡山商店：手形借入金　取引銀行：手形貸付金
ついて，支払期日の延期を申し出て，承諾を得たので，支払期日の延期にともなう
　　　　　　　　　　　　　　　　　　　　　岡山商店：支払利息　取引銀行：受取利息
利息𝑊2,000を加えた新しい手形を振り出して旧手形と交換した。
岡山商店：手形借入金　取引銀行：手形貸付金

STEP 1 | **基本問題** 実力をアップしよう　　　　　　　　　　　　（解答⇨**p.4**）

次の取引の仕訳を示しなさい。

(1) 北西商店は，新潟商店あてに振り出していた約束手形𝑊300,000について，支払期日の
延期を申し出て，承諾を得たのであらたに約束手形𝑊300,000を振り出して旧手形と交換
した。なお，支払期日の延期にともなう利息𝑊1,000は現金で支払った。

（借）　　　　　　　　　　　　　　　　　（貸）

(2) 南北商店は，富山商店あてに振り出していた約束手形𝑊700,000について，支払期日の
延期を申し出て，承諾を得たので，支払期日の延期にともなう利息𝑊3,000を加えた新しい
手形を振り出して，旧手形と交換した。

（借）　　　　　　　　　　　　　　　　　（貸）

(3) 東西商店は，取引銀行あてに約束手形を振り出して借り入れていた𝑊500,000について，
支払期日の延期を申し出て，承諾を得たので，新しい約束手形を振り出して旧手形と交換し
た。なお，支払期日の延期にともなう利息𝑊2,000は現金で支払った。

（借）　　　　　　　　　　　　　　　　　（貸）

(1)	〔岡山商店〕	（借）	支 払 手 形	400,000	（貸）	支 払 手 形	400,000
			支 払 利 息	2,000		現　　　金	2,000
	〔鳥取商店〕	（借）	受 取 手 形	400,000	（貸）	受 取 手 形	400,000
			現　　　金	2,000		受 取 利 息	2,000
(2)	〔岡山商店〕	（借）	支 払 手 形	400,000	（貸）	支 払 手 形	402,000
			支 払 利 息	2,000			
	〔鳥取商店〕	（借）	受 取 手 形	402,000	（貸）	受 取 手 形	400,000
						受 取 利 息	2,000
(3)	〔岡山商店〕	（借）	手 形 借 入 金	400,000	（貸）	手 形 借 入 金	400,000
			支 払 利 息	2,000		現　　　金	2,000
	〔取引銀行〕	（借）	手 形 貸 付 金	400,000	（貸）	手 形 貸 付 金	400,000
			現　　　金	2,000		受 取 利 息	2,000
(4)	〔岡山商店〕	（借）	手 形 借 入 金	400,000	（貸）	手 形 借 入 金	402,000
			支 払 利 息	2,000			
	〔取引銀行〕	（借）	手 形 貸 付 金	402,000	（貸）	手 形 貸 付 金	400,000
						受 取 利 息	2,000

STEP 2 | **発展問題** チャレンジしよう （解答⇨*p.4*）

次の取引の仕訳を示しなさい。

(1) さきに，秋田商店に対する買掛金の支払いのために振り出した約束手形*₩500,000* について，支払期日の延期を申し出て，同店の承諾を得た。よって，新しい約束手形を振り出して旧手形と交換した。なお，支払期日の延期にともなう利息*₩2,000* は現金で支払った。

（全商85回）

（借） （貸）

(2) さきに，福島商店に対する買掛金の支払いのために振り出した約束手形*₩300,000* について，支払期日の延期を申し出て，同店の承諾を得た。よって，支払期日の延期にともなう利息*₩6,000* を加えた新しい手形を振り出して，旧手形と交換した。 （全商92回）

（借） （貸）

(3) さきに，北東商店から商品代金として受け取っていた同店振り出し，当店あての約束手形について，支払期日の延期の申し出があり，これを承諾した。よって，支払期日の延期にともなう利息*₩4,000* を加えた新しい手形*₩868,000* を受け取り，旧手形と交換した。

（全商88回）

（借） （貸）

(4) さきに，取引銀行あてに約束手形を振り出して借り入れていた*₩3,000,000* について，支払期日の延期を申し込み，承諾を得た。よって，新しい約束手形を振り出して旧手形と交換した。なお，支払期日の延期にともなう利息*₩15,000* は現金で支払った。 （全商70回）

（借） （貸）

9　手形の不渡り

BASIS **基本例題**　完全にマスターしよう

次の取引の仕訳を示しなさい。

(1)　北西商店から売掛金の回収として受け取っていた約束手形*₩400,000* が不渡りと
　　　　　　　　　　　　　　　　　　　　　　　　　　　　　　受取手形　　　　　　　　　　不渡手形
　なったので，同店に償還請求した。なお，償還請求に要した費用*₩1,000* を現金で
　　　　　　　　　　　　　　　　　　　　　　　　　　　　　　　　　　　　　　現金
　支払った。

(2)　北西商店に償還請求していた(1)の請求金額と，期日後の法定利息*₩2,000* を現金
　　　　不渡手形　　　　　　　　　　　　　　　　　　　　　　　受取利息　　　　　　　　現金
　で受け取った。

(3)　北西商店に償還請求していた(1)の不渡手形が回収不能となったので，貸し倒れと
　　　　　　　　　　　　　　　　　不渡手形　　　　　　　　　　　　　　　　貸倒引当金，貸倒損失
　して処理した。ただし，貸倒引当金勘定の残高が*₩300,000* ある。

(4)　かねて，商品代金の支払いとして石川商店に裏書譲渡していた南東商店振り出し
　の約束手形が不渡りとなり，償還請求を受けた。よって，手形金額*₩1,000,000* と
　　　　　　　　不渡手形
　期日後の法定利息*₩20,000* をともに小切手を振り出して支払い，同時に南東商店
　　　　　　　　　　　　　　　　　　　　　当座預金
　に支払請求をおこなった。

(5)　かねて，取引銀行で割り引いた東西商店振り出しの約束手形が期日に不渡りとな
　　　　　　　　　　　　　　　　　　　　　　　　　　　　　　　　　　　　　　不渡手形
　り，取引銀行から償還請求を受けた。よって，手形金額*₩1,200,000* と期日後の法
　定利息*₩30,000* をともに小切手を振り出して支払い，同時に東西商店に支払請求
　　　　　　　　　　　　　　　　　当座預金
　をおこなった。

STEP 1 **基本問題**　実力をアップしよう　　　　　　　　　　　　　（解答⇨*p.4*）

次の取引の仕訳を示しなさい。

(1)　南北商店から売掛金の回収として受け取っていた約束手形*₩300,000* が不渡りとなっ
　たので，同店に償還請求した。なお，償還請求に要した諸費用*₩4,000* を現金で支払った。
　（借）　　　　　　　　　　　　　　　（貸）

(2)　かねて商品代金として受け取っていた北東商店から裏書譲渡されていた約束手形が不渡
　りとなり，手形金額*₩600,000* と償還請求費用*₩20,000* をあわせて償還請求していたが，
　本日，請求金額と期日以後の利息*₩5,000* を現金で受け取った。
　（借）　　　　　　　　　　　　　　　（貸）

(3)　かねて商品代金として受け取っていた南東商店振り出し，当店あての約束手形*₩200,000*
　が不渡りとなり，償還請求の諸費用*₩3,000* とあわせて支払請求していたが，本日，全額
　回収不能となったので，貸し倒れとして処理した。ただし，貸倒引当金勘定の残高が
　₩300,000 ある。
　（借）　　　　　　　　　　　　　　　（貸）

(1)	(借)	不 渡 手 形	401,000		(貸)	受 取 手 形		400,000
						現 金		1,000
(2)	(借)	現 金	403,000		(貸)	不 渡 手 形		401,000
						受 取 利 息		2,000
(3)	(借)	貸 倒 引 当 金	300,000		(貸)	不 渡 手 形		401,000
		貸 倒 損 失	101,000					
(4)	(借)	不 渡 手 形	1,020,000		(貸)	当 座 預 金		1,020,000
(5)	(借)	不 渡 手 形	1,230,000		(貸)	当 座 預 金		1,230,000

STEP 2 **発展問題** チャレンジしよう （解答 ⇨ *p.4*）

(1) かねて，商品代金として受け取っていた東西商店振り出し，当店あての約束手形*₩730,000*
が不渡りとなり，償還請求に要した諸費用*₩2,000* とあわせて東西商店に支払請求してい
たが，本日，請求金額と期日以後の利息*₩1,000* を現金で受け取った。　（全商84回）
　（借）　　　　　　　　　　　　　　　　（貸）

(2) 鳥取商店は，北東商店から商品の売上代金として裏書譲渡されていた西南商店振り出し
の約束手形*₩610,000* が不渡りとなったので，北東商店に償還請求をした。なお，この
ために要した諸費用*₩4,000* は現金で支払った。　（全商91回）
　（借）　　　　　　　　　　　　　　　　（貸）

(3) 前期に商品代金として受け取っていた東南商店振り出し，当店あての約束手形*₩250,000*
が不渡りとなり，償還請求の諸費用*₩4,000* とあわせて東南商店に支払請求していたが，
本日，全額回収不能となったので，貸し倒れとして処理した。ただし，貸倒引当金勘定の
残高が*₩290,000* ある。　（全商75回）
　（借）　　　　　　　　　　　　　　　　（貸）

(4) 岐阜産業株式会社は，かねて，商品代金の支払いとして長野商事株式会社に裏書譲渡し
ていた東商店振り出しの約束手形が不渡りとなり，償還請求を受けた。よって，手形金額
₩1,200,000 および期日以後の利息*₩3,000* をともに小切手を振り出して支払い，同時に
東商店に支払請求をおこなった。　（全商92回一部修正）
　（借）　　　　　　　　　　　　　　　　（貸）

有価証券の取得や売却の記帳

次の取引の仕訳を示しなさい。

(1) 売買目的で愛知商事株式会社の株式100株を 1 株につき￥60,000 で買い入れ，代
　　　　　　　　　　有価証券
金は小切手を振り出して支払った。
　　当座預金

(2) 愛知商事株式会社の株式100株(1 株の帳簿価額　￥30,000)を 1 株につき￥32,000
　　　　　　　　　　有価証券
で売却し，代金は小切手で受け取り，ただちに当座預金とした。
　　　　　　　　　　　　　　　　　　　　　　　　　　当座預金

(3) 愛知商事株式会社の株式100株(1 株の帳簿価額　￥30,000)を 1 株につき￥25,000
　　　　　　　　　　有価証券
で売却し，代金は現金で受け取った。
　　　　　　　　　現金

(4) 売買目的で額面￥1,000,000 の国債を額面￥100 につき￥97 で買い入れ，代金は
　　　　　　　　　　　　　　　当座預金
小切手を振り出して支払った。
　当座預金

(5) 額面￥1,000,000(帳簿価額　額面￥100 につき￥97)の国債を額面￥100 につき
　　　　　　　　　　　　　　　　　　　　　　　有価証券
￥98 で売却し，代金は現金で受け取り，ただちに当座預金とした。
　　　　　　　　　　　　　　　　　　　　　　　当座預金

STEP 1 基本問題 実力をアップしよう （解答⇨*p.4*）

次の取引の仕訳を示しなさい。

(1) 売買目的で保有している山口物産株式会社の株式100株（ 1 株の帳簿価額￥6,500）を
1 株につき￥6,000 で売却し，代金は現金で受け取った。
(借) (貸)

(2) 売買目的で額面￥2,000,000 の国債を額面￥100 につき￥96 で買い入れ，代金は小切
手を振り出して支払った。
(借) (貸)

(3) 売買目的で保有している額面￥1,000,000 の国債(帳簿価額　額面￥100 につき￥96)
を，額面￥100 につき￥98 で売却し，代金は小切手で受け取り，ただちに当座預金とした。
(借) (貸)

覚えよう

❖ 有価証券を買い入れたときは，有価証券勘定の借方に記入する。

❖ 有価証券を売却したときは，有価証券勘定の貸方に記入する。

売却価額＞帳簿価額──→有価証券売却益
売却価額＜帳簿価額──→有価証券売却損

(1) （借） 有 価 証 券 6,000,000 （貸） 当 座 預 金 6,000,000

※ 買い入れは，買入価額で記入する。

(2) （借） 当 座 預 金 3,200,000 （貸） 有 価 証 券 3,000,000

有価証券売却益 200,000

※ 売却は，帳簿価額で記入する。

(3) （借） 現 金 2,500,000 （貸） 有 価 証 券 3,000,000

有価証券売却損 500,000

(4) （借） 有 価 証 券 970,000 （貸） 当 座 預 金 970,000

※ $¥1,000,000 \times \dfrac{¥97}{¥100} = ¥970,000$

(5) （借） 当 座 預 金 980,000 （貸） 有 価 証 券 970,000

有価証券売却益 10,000

STEP 2 発展問題 チャレンジしよう （解答⇨*p.4*）

次の取引の仕訳を示しなさい。

(1) 売買目的で秋田産業株式会社の株式300株を1株につき*¥7,500*で買い入れ，代金は買入手数料*¥18,000*とともに小切手を振り出して支払った。 （全商92回）

　　（借）　　　　　　　　　　　　　（貸）

(2) 売買目的で保有している新潟株式会社の株式200株（1株の帳簿価額*¥6,000*）を1株につき*¥7,000*で売却し，代金は当店の当座預金口座に振り込まれた。 （全商91回）

　　（借）　　　　　　　　　　　　　（貸）

(3) 売買目的で保有している名古屋工業株式会社の株式100株（1株の帳簿価額*¥89,500*）を1株につき*¥90,000*で売却し，代金は当店の当座預金口座に振り込まれた。

（全商90回）

　　（借）　　　　　　　　　　　　　（貸）

Q & A

Q　有価証券を買い入れたさいに支払った買入手数料などは，どのように処理するのでしょう。

A　買入手数料などの付随費用は，有価証券の取得原価にふくめます。

11 個人企業の純資産の記帳

BASIS 基本例題 完全にマスターしよう

次の取引の仕訳を示しなさい。ただし，商品に関する勘定は3分法によること。

(1) 現金¥1,000,000 を元入れして，営業を開始した。
   現金　　　　　　　資本金

(2) 事業拡張のため，事業主が現金¥500,000 を追加元入れした。
   　　　　　　　　現金　　　　　　資本金

(3) 事業主が私用のため店の現金¥30,000 を引き出した。
   　　　　　　　　現金　　　　　　引出金（または資本金）

(4) 事業主が原価¥20,000 の商品を私用にあてた。
   　　　　　　　仕入　　　引出金（または資本金）

(5) 決算にさいし，引出金勘定の残高¥50,000 を整理した。
   　　　　　　引出金　　　　　　　資本金

STEP 1 基本問題 実力をアップしよう （解答⇨**p.5**）

次の取引の仕訳を示しなさい。

(1) 現金¥500,000 を元入れして，営業を開始した。
   （借）　　　　　　　　　　　（貸）

(2) 事業拡張のため，事業主が現金¥300,000 を追加元入れした。
   （借）　　　　　　　　　　　（貸）

(3) 事業主が私用のため店の現金¥40,000 を引き出した。
   （借）　　　　　　　　　　　（貸）

(4) 事業主が原価¥10,000 の商品を私用にあてた。
   （借）　　　　　　　　　　　（貸）

(5) 決算にさいし，引出金勘定の残高¥70,000 を整理した。
   （借）　　　　　　　　　　　（貸）

覚えよう

✤ 資本を元入れ・追加元入れしたときは，資本金勘定の貸方に記入する。

✤ 店主が現金や商品などを私用にあてたときは，引出金勘定の借方に記入する。

✤ 決算にさいし，引出金を整理するときは，残高を引出金勘定の貸方に記入するとともに，資本金勘定の借方に記入する。

資　本　金			引　出　金	
（引出金振替高）	元　入　高		引　出　金	（振替高）
	追加元入高			

(1)	（借）	現	金	*1,000,000*	（貸）	資　本　金	*1,000,000*		
(2)	（借）	現	金	*500,000*	（貸）	資　本　金	*500,000*		
(3)	（借）	引　出　金 （または資本金）	*30,000*	（貸）	現	金	*30,000*		
(4)	（借）	引　出　金 （または資本金）	*20,000*	（貸）	仕	入	*20,000*		
(5)	（借）	資　本　金	*50,000*	（貸）	引　出　金	*50,000*			

STEP 2 ▶ **発展問題** チャレンジしよう　　　　　　　　　　　　（解答⇨*p.5*）

次の取引の仕訳を示しなさい。ただし，商品に関する勘定は3分法によること。

(1) 事業規模を拡大するため，事業主が現金*¥800,000* を追加元入れした。　　（全商84回）

（借）　　　　　　　　　　　　　　（貸）

(2) 事業拡張のため，事業主が現金*¥850,000* を追加元入れした。　　（全商87回）

（借）　　　　　　　　　　　　　　（貸）

(3) 事業主が私用のため，店の現金*¥20,000* を引き出した。　　（全商83回）

（借）　　　　　　　　　　　　　　（貸）

(4) 事業主が私用のため，店の現金*¥72,000* を引き出した。　　（全商90回）

（借）　　　　　　　　　　　　　　（貸）

(5) 事業主が私用のため，原価*¥6,000* の商品を使用した。　　（全商79回）

（借）　　　　　　　　　　　　　　（貸）

(6) 決算にさいし，引出金勘定の残高*¥50,000* を整理した。　　（全商88回一部修正）

（借）　　　　　　　　　　　　　　（貸）

12 個人企業の税金

次の取引の仕訳を示しなさい。ただし，消費税の税率は10%とする。

(1) 住民税¥80,000を現金で支払った。
  住民税を納付したときは，純資産（資本）の引き出しとなる。

(2) 所得税の予定納税額の第1期分¥50,000を店の現金で納付した。
  所得税を納付したときは，純資産（資本）の引き出しとなる。

(3) 固定資産税の第1期分¥60,000を現金で納付した。
  租税公課（または固定資産税）
  ※なお，事業税も固定資産税と同じように処理する。

(4) 郵便局で郵便切手¥2,000と収入印紙¥1,000を購入し，代金は現金で支払った。
  通信費　　　　　　　　　　　　租税公課（または印紙税）

(5) 茨城商店から商品¥132,000（税込）を仕入れ，代金は掛けとした（税抜き方式）。
  仮払消費税

(6) 栃木商店に商品を¥275,000（税込）で売り渡し，代金は掛けとした（税抜き方式）。
  仮受消費税

(7) 決算において，消費税の納付額は¥13,000と計算された。ただし，仮払消費税
  未払消費税
  勘定の残高は¥12,000　仮受消費税勘定の残高は¥25,000である。

STEP 1 〉 基本問題 実力をアップしよう （解答⇨**p.5**）

次の取引の仕訳を示しなさい。ただし，消費税の税率は10%とする。

(1) 所得税の予定納税額の第1期分¥400,000を店の現金で納付した。
  （借）　　　　　　　　　　　　（貸）

(2) 郵便局で郵便切手¥3,000と収入印紙¥2,000を購入し，代金は現金で支払った。
  （借）　　　　　　　　　　　　（貸）

(3) 前橋市役所から固定資産税の納税通知書を受け取り，第1期分¥20,000を現金で納付した。
  （借）　　　　　　　　　　　　（貸）

(4) 群馬商店から商品を¥550,000（税込）で仕入れ，代金は掛けとした（税抜き方式）。
  （借）　　　　　　　　　　　　（貸）

(5) 山梨商店に商品を¥770,000（税込）で売り渡し，代金は掛けとした（税抜き方式）。
  （借）　　　　　　　　　　　　（貸）

(1)	（借）	引　出　金 （または資本金）	80,000	（貸）	現　　　金	80,000
(2)	（借）	引　出　金 （または資本金）	50,000	（貸）	現　　　金	50,000
(3)	（借）	租　税　公　課 （または固定資産税）	60,000	（貸）	現　　　金	60,000
(4)	（借）	通　信　費	2,000	（貸）	現　　　金	3,000
		租　税　公　課 （または印紙税）	1,000			
(5)	（借）	仕　　　入	120,000	（貸）	買　掛　金	132,000
		仮払消費税	12,000			
(6)	（借）	売　掛　金	275,000	（貸）	売　　　上	250,000
					仮受消費税	25,000
(7)	（借）	仮受消費税	25,000	（貸）	仮払消費税	12,000
					未払消費税	13,000

STEP 2) 発展問題　チャレンジしよう　　　　　　　　　　（解答⇨*p.5*）

次の取引の仕訳を示しなさい。

(1) 事業主が，所得税の予定納税額の第1期分*¥34,000*を，店の現金で納付した。

（全商86回）

（借）　　　　　　　　　　　　　（貸）

(2) 小牧郵便局で収入印紙*¥7,000*を買い入れ，代金は現金で納付した。　　　（全商87回）

（借）　　　　　　　　　　　　　（貸）

(3) 福井市役所から固定資産税の納税通知書を受け取り，ただちにこの税額*¥250,000*を現金で納付した。　　　　　　　　　　　　　　　　　　　　　　　　　（全商91回）

（借）　　　　　　　　　　　　　（貸）

(4) 山梨商店は商品*¥594,000*（消費税*¥54,000*を含む）を売り渡し，代金は現金で受け取った。ただし，消費税の処理方法は税抜き方式により，仮受消費税勘定を用いている。

（全商90回）

（借）　　　　　　　　　　　　　（貸）

(5) 青森商店から商品*¥324,000*（消費税*¥24,000*を含む）を仕入れ，代金は掛けとした。ただし，消費税の処理方法は税抜き方式により，仮払消費税勘定を用いている。（全商83回）

（借）　　　　　　　　　　　　　（貸）

13 費用の前払分の記帳

1 次の一連の取引の仕訳を示しなさい。

6月1日 1年分の火災保険料 *¥72,000* を現金で支払った。
　　　　　保険料

12月31日 決算にさいし，上記保険料のうち，前払分 *¥30,000* を次期に繰り延べた。
　　　　　　　　　　　　　　　　　前払保険料　　　　　　　　　　　　　1/1～5/31までの5か月分

〃 当期分の保険料 *¥42,000* を損益勘定へ振り替えた。　　*¥72,000*×$\frac{5}{12}$＝*¥30,000*
　　　　　　　　　　　　支払高(*¥72,000*)−前払分(*¥30,000*)＝当期分(*¥42,000*)

1月1日 前払分の再振替をおこなった。
　　　　¥30,000

2 次の一連の取引の仕訳を示しなさい。

10月1日 家賃4か月分(10月から翌年1月まで) *¥80,000* を現金で支払った。
　　　　　支払家賃

12月31日 決算にさいし，上記家賃のうち，前払分を次期に繰り延べた。
　　　　　　　　　　　　　　　　　　前払家賃　1/1～1/31までの1か月分　*¥80,000*×$\frac{1}{4}$＝*¥20,000*

1 次の一連の取引の仕訳を示しなさい。

9月1日 本年6月1日から1年分の支払家賃 *¥480,000* を小切手を振り出して支払った。
　　（借）　　　　　　　　　　　　　　　　　（貸）

12月31日 決算にあたり，支払家賃のうち前払分 *¥320,000* を次期に繰り延べた。
　　（借）　　　　　　　　　　　　　　　　　（貸）

〃 当期分の支払家賃 *¥160,000* を損益勘定へ振り替えた。
　　（借）　　　　　　　　　　　　　　　　　（貸）

1月1日 支払家賃の前払分の期首再振替をおこなった。
　　（借）　　　　　　　　　　　　　　　　　（貸）

2 次の一連の取引の仕訳を示しなさい。

11月1日 支払地代6か月分 *¥30,000* を小切手を振り出して支払った。
　　（借）　　　　　　　　　　　　　　　　　（貸）

12月31日 決算にあたり，支払地代 *¥30,000* のうち，前払高を次期に繰り延べた。
　　（借）　　　　　　　　　　　　　　　　　（貸）

覚えよう

❖ 費用の前払分を繰り延べるときは，前払分をその費用の勘定の貸方と，前払保
険料勘定，前払地代勘定，前払家賃勘定，前払利息勘定などの借方に記入する。

❖ 前払分の繰り延べの例
（借）前払保険料 ×× （貸）保　険　料 ××

	保　険　料	
支 払 高	振り替える 前 払 分	→

前払保険料
振り替えられた 前 払 分

1

6/1 （借）保　険　料 72,000　（貸）現　　　　金 72,000

12/31 （借）前払保険料 30,000　（貸）保　険　料 30,000

〃 （借）損　　　　益 42,000　（貸）保　険　料 42,000

1/1 （借）保　険　料 30,000　（貸）前払保険料 30,000

1の勘定記入面

保　険　料			
6/1 現　　金 72,000	12/31 前払保険料 30,000
	〃 損　　益 42,000
72,000	72,000
1/1 前払保険料 30,000	

前払保険料			
12/31 保　険　料 30,000	12/31 次 期 繰 越 30,000
1/1 前 期 繰 越 30,000	1/1 保　険　料 30,000

保険料支払高（1年分）¥72,000
6/1 ──── 当期分　¥42,000 ──── 12/31 決算日 ──── 前期分　¥30,000 ──── 5/31
支払日

2

10/1 （借）支 払 家 賃 80,000　（貸）現　　　　金 80,000

12/31 （借）前 払 家 賃 20,000　（貸）支 払 家 賃 20,000

STEP 2 ▶▶ 発展問題　チャレンジしよう　　　　　　　　　（解答⇨p.5）

1　次の一連の取引を仕訳し，下記の勘定の記入面を示しなさい。

10月1日　1年分の保険料 ¥24,000 を小切手を振り出して支払った。

（借）　　　　　　　　　　　　　　　（貸）

12月31日　決算にさいし，上記保険料のうち前払分を前払保険料勘定に振り替えた。

（借）　　　　　　　　　　　　　　　（貸）

　〃　　当期分の保険料を損益勘定に振り替えた。

（借）　　　　　　　　　　　　　　　（貸）

1月1日　前払保険料を保険料勘定に振り替えた。

（借）　　　　　　　　　　　　　　　（貸）

保　険　料	前 払 保 険 料

2　四国商店（個人企業　決算年1回　12月31日）の総勘定元帳勘定残高と決算整理事項は次
　の通りであった。よって，決算整理仕訳を示しなさい。　　　　　　　（全商92回一部修正）

元帳勘定残高　保険料　¥423,000

決算整理事項　保険料のうち ¥276,000 は，本年8月1日から1年分の保険料として支払
　　　　　　ったものであり，前払高を次期に繰り延べる。

（借）　　　　　　　　　　　　　　　（貸）

14 収益の前受分の記帳

1 次の一連の取引の仕訳を示しなさい。

9月1日 <u>地代6か月分（9月～2月分）</u> _¥180,000_ を現金で受け取った。
_{受取地代}

12月31日 決算にあたり，<u>地代の前受分</u>_¥60,000_ を次期に繰り延べた。 _{1/1～2/28までの2か月分 _¥180,000×$\frac{2}{6}$＝¥60,000_}
_{前受地代}

〃 当期分の<u>地代</u>_¥120,000_ を損益勘定へ振り替えた。 _{受取高（¥180,000）－前受高（¥60,000）＝当期分（¥120,000）}
_{受取地代}

1月1日 <u>前受分</u>の再振替をおこなった。
_{¥60,000}

2 次の一連の取引の仕訳を示しなさい。

10月1日 <u>家賃5か月分（10月～2月分）</u> _¥250,000_ を現金で受け取った。
_{受取家賃}

12月31日 決算にさいし，上記家賃のうち，<u>前受分</u>を次期に繰り延べた。 _{前受家賃 1/1～2/28までの2か月分 _¥250,000×$\frac{2}{5}$＝¥100,000_}

1 次の一連の取引の仕訳を示しなさい。

10月1日 1年分の地代 _¥36,000_ を小切手で受け取り，ただちに当座預金に預け入れた。
（借） （貸）

12月31日 決算にさいし，上記地代のうち前受分 _¥27,000_ を次期に繰り延べた。
（借） （貸）

〃 当期分の地代 _¥9,000_ を損益勘定に振り替えた。
（借） （貸）

1月1日 前受地代 _¥27,000_ の再振替をおこなった。
（借） （貸）

2 次の一連の取引の仕訳を示しなさい。

11月1日 利息3か月分（11～1月分） _¥60,000_ が当座預金口座に振り込まれた。
（借） （貸）

12月31日 決算にさいし，上記利息のうち前受分を次期に繰り延べた。
（借） （貸）

覚えよう

❖ 収益の前受分を繰り延べるときは，前受分をその収益の勘定の借方と，前受地代勘定，前受家賃勘定，前受利息勘定などの貸方に記入する。

受 取 利 息		前 受 利 息

❖ 前受分の繰り延べの例
　（借）受取利息　××　（貸）前受利息　××

（左上図内）振り替える 前 受 分 ｜ 受 取 高
（右上図内）振り替えられた 前 受 分

1

9/1	（借）現　　　　　金	180,000	（貸）受 取 地 代	180,000
12/31	（借）受 取 地 代	60,000	（貸）前 受 地 代	60,000
〃	（借）受 取 地 代	120,000	（貸）損　　　　　益	120,000
1/1	（借）前 受 地 代	60,000	（貸）受 取 地 代	60,000

2

（図）⁹⁄₁　地代受け取り（半年分）¥180,000　¹²⁄₃₁　³⁄₃₁
当期分 ¥120,000　決算日 ¥60,000

10/1	（借）現　　　　　金	250,000	（貸）受 取 家 賃	250,000
12/31	（借）受 取 家 賃	100,000	（貸）前 受 家 賃	100,000

STEP 2　｜　発展問題　チャレンジしよう　　　　　　　　　（解答⇨p.6）

1　次の一連の取引の仕訳を示しなさい。

　10月1日　6か月分の利息¥30,000 を現金で受け取った。

　　　　（借）　　　　　　　　　　　　　（貸）

　12月31日　決算にさいし，上記利息のうち，前受分を次期に繰り延べた。

　　　　（借）　　　　　　　　　　　　　（貸）

　　〃　　　受取利息勘定の残高（当期分）を損益勘定に振り替えた。

　　　　（借）　　　　　　　　　　　　　（貸）

　1月1日　前受利息の再振替をおこなった。

　　　　（借）　　　　　　　　　　　　　（貸）

2　次の決算整理事項によって，決算整理仕訳を示しなさい。

　a．利息前受高　¥38,000　　b．家賃前受高　¥46,000

	借　　　　　方	貸　　　　　方
a		
b		

3　次の仕訳を示しなさい。

　　高知商店（個人企業）は，前期末の決算において，家賃の前受高を次のとおり前受家賃勘定に振り替えていたが，当期首にあたり，この前受高を再振替した。　　　　（全商92回）

前 受 家 賃

12/31	次期繰越	124,000	12/31	受取家賃	124,000
			1/1	前期繰越	124,000

　　（借）　　　　　　　　　　　　　　　（貸）

15 費用の未払分の記帳

　　基本例題　完全にマスターしよう

1　次の一連の取引の仕訳を示しなさい。

11月30日　利息2か月分（10・11月分）**¥8,000** を現金で支払った。
　　　　　支払利息　1か月分は¥8,000÷2か月＝¥4,000

12月31日　決算にさいし，利息の未払高（12月分）**¥4,000** を計上した。
　　　　　未払利息　¥4,000×1か月＝¥4,000

　　〃　　当期分**¥12,000** の支払利息を損益勘定に振り替えた。
　　　　　支払高（¥8,000）＋未払高（¥4,000）＝当期分（¥12,000）

1月1日　未払分の再振替をおこなった。
　　　　　¥4,000

2　次の一連の取引の仕訳を示しなさい。

10月31日　手数料6か月分（5月〜10月分）**¥18,000** を現金で支払った。
　　　　　支払手数料　1か月分は¥18,000÷6か月＝¥3,000

12月31日　決算にさいし，手数料の未払分（11・12月分）を計上した。
　　　　　未払手数料　¥3,000×2か月＝¥6,000

STEP 1　　**基本問題**　実力をアップしよう　　　　　　　　　（解答⇨**p.6**）

1　次の一連の取引の仕訳を示しなさい。

10月1日　利息4か月分（6月〜9月分）**¥360,000** を小切手を振り出して支払った。
　　　（借）　　　　　　　　　　　　（貸）

12月31日　決算にさいし，利息の未払高**¥270,000** を計上した。
　　　（借）　　　　　　　　　　　　（貸）

　　〃　　当期分の支払利息**¥630,000** を損益勘定に振り替えた。
　　　（借）　　　　　　　　　　　　（貸）

1月1日　未払分の再振替をおこなった。
　　　（借）　　　　　　　　　　　　（貸）

2　次の一連の取引の仕訳を示しなさい。

6月1日　店舗用に建物を賃借しており，本日家賃4か月分**¥280,000** を現金で支払った。
　　　（借）　　　　　　　　　　　　（貸）

12月31日　決算にさいし，3か月分の未払家賃高を計上した。ただし，家賃の月額は同一である。
　　　（借）　　　　　　　　　　　　（貸）

覚えよう

❖　決算にさいし，費用の未払分を計上するときは，未払分をその費用の勘定の借方と，未払地代勘定，未払家賃勘定，未払利息勘定などの貸方に記入する。

❖　未払分計上の例

（借）支払利息　××　（貸）未払利息　××

支 払 利 息

支 払 高
未 払 高

未 払 利 息

	未 払 分

1

11/30　（借）支 払 利 息　*8,000*　（貸）現　　　　金　*8,000*

12/31　（借）支 払 利 息　*4,000*　（貸）未 払 利 息　*4,000*

〃　　（借）損　　　　益 *12,000*　（貸）未 払 利 息 *12,000*

1／1　（借）未 払 利 息　*4,000*　（貸）支 払 利 息　*4,000*

1の勘定記入面

支 払 利 息

11/30 現　金	8,000	12/31 損　益	12,000
12/31 未払利息	4,000		
	12,000		12,000
1/1 未払利息	4,000		

未 払 利 息

12/31 次期繰越	4,000	12/31 支払利息	4,000
1/1 支払利息	4,000	1/1 前期繰越	4,000

（期間図）当期分 ₩12,000 / 支払高 ₩8,000 / 支払日 11/30 / 未払高 ₩4,000 / 決算日 12/31

2

10/31　（借）支 払 手 数 料 *18,000*　（貸）現　　　　金 *18,000*

12/31　（借）支 払 手 数 料　*6,000*　（貸）未 払 手 数 料　*6,000*

STEP 2　　**発展問題**　チャレンジしよう　　　　（解答⇨*p.6*）

1　次の一連の取引の仕訳を示し，各勘定に転記しなさい。

２月１日　事務所用建物を賃借し，家賃10か月分（２月〜11月）*₩900,000* を現金で支払った。

（借）　　　　　　　　　　　（貸）

12月31日　決算にさいし，上記家賃未払分（12月）を計上した。

（借）　　　　　　　　　　　（貸）

〃　　　当期分の支払家賃 *₩990,000* を損益勘定に振り替えた。

（借）　　　　　　　　　　　（貸）

１月１日　未払分の再振替をおこなった。

（借）　　　　　　　　　　　（貸）

支 払 家 賃　　　　　　　　　　　未 払 家 賃

2　東北商店（個人企業　決算年１回　12月31日）を総勘定元帳勘定残高と決算整理事項は次のとおりであった。よって，決算整理仕訳を示しなさい。　　　　（全商91回一部修正）

元帳勘定残高

支払家賃　*₩715,000*

決算整理事項

家賃は１か月 *₩65,000* で，12月分は翌月４日に支払う契約のため，見越し計上する。

（借）　　　　　　　　　　　（貸）

16 収益の未収分の記帳

基本例題 完全にマスターしよう

1 次の一連の取引の仕訳を示しなさい。

9月30日　4か月分（6月〜9月）の<u>利息</u>*¥120,000* を現金で受け取った。
受取利息

12月31日　決算にさいし，<u>利息の未収分</u>（10月〜12月）*¥90,000* を計上した。
未収利息

〃　　　当期分の受取利息*¥210,000* を損益勘定に振り替えた。
¥120,000＋未収分（¥90,000）＝当期分（¥210,000）

1月1日　未収分の再振替をおこなった。

2 次の一連の取引の仕訳を示しなさい。

9月30日　土地を草加商店に賃貸し，<u>地代6か月分（4月〜9月）*¥300,000*</u> を現金
受取地代1か月分は¥300,000÷6か月＝¥50,000
で受け取った。

12月31日　決算にさいし，<u>地代の未収分（10月〜12月）</u>を計上した。
未収地代　¥50,000×3か月＝¥150,000

基本問題 実力をアップしよう　　　　　　（解答⇨*p.6*）

1 次の一連の取引の仕訳を示しなさい。

10月31日　3か月分の地代*¥90,000* を現金で受け取った。
　　　　　（借）　　　　　　　　　　　　　（貸）

12月31日　決算にあたり，地代の未収額*¥60,000* を見越し計上した。
　　　　　（借）　　　　　　　　　　　　　（貸）

〃　　　当期分の受取地代*¥150,000* を損益勘定に振り替えた。
　　　　　（借）　　　　　　　　　　　　　（貸）

1月1日　未収地代勘定の残高*¥60,000* を受取地代勘定に再振替した。
　　　　　（借）　　　　　　　　　　　　　（貸）

2 次の一連の取引の仕訳を示しなさい。

10月31日　貸付金の利息4か月分*¥48,000* を現金で受け取った。
　　　　　（借）　　　　　　　　　　　　　（貸）

12月31日　決算にあたり，利息の未収高*¥24,000* を計上した。
　　　　　（借）　　　　　　　　　　　　　（貸）

❖　決算にさいし，収益の未収分を計上するときは，未収分をその収益の勘定の貸
方と，未収利息勘定，未収手数料勘定，未収家賃勘定などの借方に記入する。

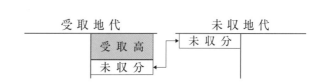

❖ 未収分計上の例
　　（借）未収地代　××　　（貸）受取地代　××

1

9/30	（借）現	金	*120,000*	（貸）受 取 利 息	*120,000*
12/31	（借）未 収 利 息	*90,000*	（貸）受 取 利 息	*90,000*
〃	（借）受 取 利 息	*210,000*	（貸）損 益	*210,000*
1/1	（借）受 取 利 息	*90,000*	（貸）未 収 利 息	*90,000*

2

当期分 ₩210,000
支払日 ── 受取高 ₩120,000 ── 受取日 ── 未収高 ₩90,000 ── 決算日

9/30	（借）現	金	*300,000*	（貸）受 取 地 代	*300,000*
12/31	（借）未 収 地 代	*150,000*	（貸）受 取 地 代	*150,000*

STEP 2　　**発展問題　チャレンジしよう**　　（解答⇨*p.6*）

1　次の一連の取引の仕訳を示しなさい。

10月31日　家賃3か月分（8月～10月）*₩120,000* を現金で受け取った。

　　　　　（借）　　　　　　　　　　　　（貸）

12月31日　本日決算をおこない，家賃の未収分を計上した。

　　　　　（借）　　　　　　　　　　　　（貸）

　　〃　　受取家賃の当期分を損益勘定に振り替えた。

　　　　　（借）　　　　　　　　　　　　（貸）

1月1日　家賃の未収分を再振替した。

　　　　　（借）　　　　　　　　　　　　（貸）

2　次の決算整理事項によって，決算整理仕訳を示しなさい。　　（全商90回一部修正）

　決算整理事項　利息未収高　　*₩8,000*

借　　　　　方	貸　　　　　方

3　次の取引の仕訳を示しなさい。　　（全商81回一部修正）

　沖縄商店（個人企業）は，前期末の決算において，家賃の未収高を次のとおり未収家賃勘定に振り替えていたが，当期首にあたり，この未収高を再振替した。

未 収 家 賃

12/31 受取家賃	*250,000*	12/31 次期繰越	*250,000*
1/1 前期繰越	*250,000*		

　　　（借）　　　　　　　　　　　　　　（貸）

17 消耗品と貯蔵品の処理

BASIS) **基本例題** 完全にマスターしよう

次の取引の仕訳を示しなさい。

(1) 事務用文房具¥20,000 を買い入れ，代金は現金で支払った。
　　消耗品費

(2) 収入印紙¥3,000 と郵便切手¥1,000 を買い入れ，代金は現金で支払った。
　　租税公課　　　　　通信費

(3) 決算にさいし，消耗品の未使用高が¥2,000 だったので，これを次期に繰り延べた。
　　　　　　　　　消耗品

(4) 決算にさいし，収入印紙の未使用分¥1,000 と郵便切手の未使用分¥1,000 を次
　　　　　　　　　貯蔵品　　　　　　　　　　　　　貯蔵品
期に繰り延べた。

STEP 1) **基本問題** 実力をアップしよう　　　　　　　　　　（解答⇨**p.7**）

次の取引の仕訳を示しなさい。

(1) 事務用の消耗品¥40,000 を購入し，代金は現金で支払った。
　　　（借）　　　　　　　　　　　　　　（貸）

(2) 収入印紙¥5,000 と郵便切手¥4,000 を購入し，代金は現金で支払った。
　　　（借）　　　　　　　　　　　　　　（貸）

(3) 決算にさいし，事務用の消耗品の未使用高¥3,000 を消耗品勘定により繰り延べた。
　　　（借）　　　　　　　　　　　　　　（貸）

(4) 決算にさいし，収入印紙の未使用分¥2,000 と郵便切手¥1,000 を次期に繰り延べた。
　　　（借）　　　　　　　　　　　　　　（貸）

覚えよう)

❖ 消耗品費を繰り延べるときは，未消費高をその勘定の貸方と，消耗品勘定（資
産の勘定）の借方に記入する。

❖ 消耗品費の繰り延べ

(借)消耗品 ×× (貸)消耗品費 ××

	消耗品費			消耗品	
購入高	振り替える 前受分	→	振り替えられた 前受分		

---

(1)	(借)	消 耗 品 費	20,000	(貸)	現　　　金	20,000
(2)	(借)	租 税 公 課	3,000	(貸)	現　　　金	4,000
		通 信 費	1,000			
(3)	(借)	消 耗 品	2,000	(貸)	消 耗 品 費	2,000
(4)	(借)	貯 蔵 品	2,000	(貸)	租 税 公 課	1,000
					通 信 費	1,000

STEP 2　発展問題　チャレンジしよう　　　　　　　　　　　　(解答⇨p.7)

1 東北商店（個人企業　決算年1回　12月31日）の総勘定元帳勘定残高と決算整理事項は次のとおりであった。よって，決算整理仕訳を示しなさい。

元帳勘定残高

　消 耗 品 費　¥86,000

決算整理事項

　消耗品未使用高　未使用分¥32,000 を消耗品勘定により繰り延べる。

　（借）　　　　　　　　　　　　　　　　　　（貸）

2 東京商店（個人企業　決算年1回　12月31日）の総勘定元帳勘定残高と決算整理事項は次のとおりであった。よって，決算整理仕訳を示しなさい。

元帳勘定残高

　消 耗 品 費　46,000　　通 信 費　32,000　　租 税 公 課　18,000

決算整理事項

　a．消耗品未使用高　消耗品の未使用分¥14,000 を消耗品勘定により繰り延べる。

　b．貯蔵品未使用高　郵便切手の未使用分¥12,000 と収入印紙の未使用分¥6,000 を貯蔵品勘定により繰り延べる。

　（借）　　　　　　　　　　　　　　　　　　（貸）

18 精算表(1) ―見越し・繰り延べ―

基本例題 完全にマスターしよう

次の決算整理事項によって，精算表を完成しなさい（総勘定元帳勘定残高は試算表欄に記入済み）。

決算整理事項

a．期末商品棚卸高 ¥200,000
　①(借)仕　　　入180,000　(貸)繰越商品180,000
　②(借)繰越商品200,000　(貸)仕　　　入200,000

b．保険料前払高 ¥80,000
　(借)前払保険料80,000　(貸)保　険　料80,000

c．消耗品未使用高 ¥100,000
　(借)消　耗　品100,000　(貸)消耗品費100,000

d．地代未払高 ¥60,000
　(借)支払地代60,000　(貸)未払地代60,000

e．利息未収高 ¥30,000
　(借)未収利息30,000　(貸)受取利息30,000

f．家賃前受高 ¥90,000
　(借)受取家賃90,000　(貸)前受家賃90,000

解答

精　算　表
令和 ○ 年 12 月 31 日

勘 定 科 目	残高試算表 借方	残高試算表 貸方	整理記入 借方	整理記入 貸方	損益計算書 借方	損益計算書 貸方	貸借対照表 借方	貸借対照表 貸方
現　　　金	150,000						150,000	
当 座 預 金	330,000						330,000	
売 　掛　 金	670,000						670,000	
繰 越 商 品	180,000		200,000	180,000			200,000	
備　　　品	300,000		仕訳a②の借方	仕訳a①の貸方			300,000	
支 払 手 形		160,000						160,000
買 　掛　 金		180,000						180,000
資 　本　 金		1,000,000						1,000,000
売　　　上		1,800,000				1,800,000		
受 取 利 息		50,000	仕訳fの借方	30,000		80,000		
受 取 家 賃		180,000	90,000	仕訳eの貸方		90,000		
仕　　　入	920,000		180,000	200,000	900,000			
給　　　料	270,000		仕訳a①の借方	仕訳a②の貸方	270,000			
保 　険　 料	280,000		仕訳bの貸方→	80,000	200,000			
消 耗 品 費	240,000			100,000	140,000			
支 払 地 代	30,000		仕訳dの借方→ 60,000	仕訳cの貸方	90,000			
	3,370,000	3,370,000						
前 払 保 険 料			仕訳bの借方→ 80,000				80,000	
消 　耗　 品			仕訳cの借方→ 100,000				100,000	
未 払 地 代				60,000				60,000
未 収 利 息			仕訳eの借方→ 30,000	仕訳dの貸方			30,000	
前 受 家 賃				90,000				90,000
当 期 純 利 益				仕訳fの貸方	370,000			370,000
			740,000	740,000	1,970,000	1,970,000	1,860,000	1,860,000

● うすい文字・数字の部分は，すでに問題の中に記入されていることを示す。

覚えよう

❖ 消耗品・前払○○・未収○○勘定は資産の勘定，前受○○・未払○○勘定は負債の勘定なので，貸借対照表欄に書き移す。

❖ 現金過不足の原因が判明しない場合は雑損勘定または雑益勘定で処理する。

STEP 1　基本問題　実力をアップしよう　　　　　　　　　（解答⇨p.7）

次の決算整理事項等によって，精算表を完成しなさい。

決算整理事項

a．期末商品棚卸高　¥250,000
b．貸倒見積高　売掛金の期末残高に対し，2％と見積もり，貸倒引当金を設定する。
c．保険料前払高　¥30,000
d．家賃前受高　¥75,000
e．現金過不足勘定の¥7,000は雑益とする。

解答欄

精　算　表
令和 ○ 年 12 月 31 日

勘 定 科 目	残高試算表 借 方	残高試算表 貸 方	整理記入 借 方	整理記入 貸 方	損益計算書 借 方	損益計算書 貸 方	貸借対照表 借 方	貸借対照表 貸 方
現　　　　金	1,100,000							
売　掛　金	650,000							
貸 倒 引 当 金		3,000						
繰 越 商 品	200,000							
買　掛　金		440,000						
資　本　金		1,000,000						
売　　　上		1,700,000						
受 取 家 賃		150,000						
仕　　　入	1,020,000							
給　　　料	200,000							
保　険　料	120,000							
雑　　　費	10,000							
現 金 過 不 足		7,000						
	3,300,000	3,300,000						
貸倒引当金繰入								
前 払 保 険 料								
前 受 家 賃								
雑　　　益								
当 期 純 利 益								

❖ 消耗品の未使用高は，消耗品勘定の貸方に記入するとともに，消耗品勘定の借方に記入する。

STEP 2 | **発展問題** チャレンジしよう (解答⇨**p.8**)

1 次の決算整理事項によって，精算表を完成しなさい。

決算整理事項

a．期末商品棚卸高 ¥560,000
b．貸倒見積高 売掛金の期末残高に対し，1％と見積もり，貸倒引当金を設定する。
c．消耗品未使用高 ¥ 23,000
d．保険料前払高 ¥ 30,000
e．利息未収高 ¥ 5,000
f．引出金は整理する。

解答欄

精　算　表

令和 ○ 年 12 月 31 日

勘 定 科 目	残高試算表 借 方	残高試算表 貸 方	整 理 記 入 借 方	整 理 記 入 貸 方	損 益 計 算 書 借 方	損 益 計 算 書 貸 方	貸 借 対 照 表 借 方	貸 借 対 照 表 貸 方
現　　　　　金	1,722,000							
当 座 預 金	637,000							
売 　掛 　金	2,400,000							
貸 倒 引 当 金		21,000						
繰 越 商 品	595,000							
買 　掛 　金		2,040,000						
資 　本 　金		3,000,000						
引 　出 　金	200,000							
売 　　　　上		6,779,000						
受 取 利 息		160,000						
仕 　　　　入	5,326,000							
給 　　　　料	709,000							
保 　険 　料	126,000							
消 耗 品 費	140,000							
雑 　　　　費	145,000							
	12,000,000	12,000,000						
貸倒引当金繰入								
消 　耗 　品								
前 払 保 険 料								
（ 　　 ）利 息								
当 期 純 利 益								

❖ 受取地代の前受高は，受取地代勘定の借方と前受地代勘定の貸方に記入する。

2 次の決算整理事項によって，近畿商店（個人企業　決算年1回　12月31日）の精算表を完成しなさい。 （全商87回一部修正）

a．期末商品棚卸高　¥650,000
b．貸倒見積高　受取手形と売掛金の期末残高に対し，それぞれ1％と見積もり，貸倒引当金を設定する。
c．消耗品未使用高　¥　3,000
d．地代前受高　¥ 12,000
e．利息未収高　¥　5,000

解答欄

精算表
令和 ○ 年 12 月 31 日

勘定科目	残高試算表 借方	残高試算表 貸方	整理記入 借方	整理記入 貸方	損益計算書 借方	損益計算書 貸方	貸借対照表 借方	貸借対照表 貸方
現　　　　　金	3,920,000							
当 座 預 金	2,406,000							
受 取 手 形	600,000							
売 　掛 　金	800,000							
貸 倒 引 当 金		8,000						
繰 越 商 品	520,000							
買 　掛 　金		2,349,000						
資 　本 　金		5,000,000						
売 　　　 上		7,411,000						
受 取 地 代		156,000						
受 取 利 息		25,000						
仕 　　　 入	5,560,000							
給 　　　 料	539,000							
支 払 家 賃	540,000							
消 耗 品 費	64,000							
	14,949,000	14,949,000						
貸倒引当金繰入								
消 　耗 　品								
前 受 地 代								
（　　　）利息								
当 期 純 利 益								

19 有価証券の評価

❖ 有価証券の評価は，帳簿価額 ＞ 時価　のときは，その差額を有価証券評価損勘定の借方に記入するとともに，有価証券勘定の貸方に記入する。

(借)有価証券評価損 ×× 　(貸)有　価　証　券 ××

BASIS　基本例題　完全にマスターしよう

次の取引の仕訳を示しなさい。

6月7日　売買目的で石川商事株式会社の株式1,000株を₩7,000 で買い入れ，代金
　　　　　<u>有価証券</u>
　　　　は<u>小切手を振り出して支払った</u>。
　　　　　<u>当座預金</u>

10月25日　上記株式のうち500株を1株につき₩7,400 で売却し，代金は小切手で受
　　　　　簿価額 ₩7,000×500株＝ ₩3,500,000　　　　₩7,400×500株＝ ₩3,700,000
　　　　け取り，ただちに<u>当座預金</u>とした。
　　　　　　　　　　　　　<u>当座預金</u>

12月31日　決算にあたり，上記の売買目的で保有している500株を時価によって評価
　　　　　　　　　　　　　　　　簿価額 ₩7,000×500株＝ ₩3,500,000
　　　　した。

石川商事株式会社　500株　時価　1株　₩6,500

STEP 1　基本問題　実力をアップしよう　　　　　(解答⇨p.9)

1　次の一連の取引の仕訳を示しなさい。

4月20日　売買目的で富山商事株式会社の株式800株を，1株につき₩6,000 で買い入れ，
　　　　代金は小切手を振り出して支払った。

(借)　　　　　　　　　　　　　　　(貸)

9月15日　上記株式のうち600株を，1株につき₩6,500 で売却し，代金は小切手で受け取り，
　　　　ただちに当座預金とした。

(借)　　　　　　　　　　　　　　　(貸)

12月31日　決算にあたり，上記の富山商事株式会社の株式200株を時価によって評価した。
　　　　　　富山商事株式会社　200株　時価　1株　₩5,600

(借)　　　　　　　　　　　　　　　(貸)

2　次の一連の取引の仕訳を示しなさい。

10月1日　売買目的で新潟商事株式会社の株式100株を，1株につき₩28,000 で買い入れ，
　　　　代金は小切手を振り出して支払った。

(借)　　　　　　　　　　　　　　　(貸)

12月31日　決算にあたり，上記の新潟商事株式会社の株式を時価（1株につき₩30,000）
　　　　で評価した。

(借)　　　　　　　　　　　　　　　(貸)

❖ 有価証券の評価は，帳簿価額＜時価のときは，その差額を有価証券評価益勘定の貸方に記入するとともに，有価証券勘定の借方に記入する。(借)有　価　証　券　××　　(貸)有価証券評価益　××

6/ 7	(借)	有　価　証　券	7,000,000	(借)	当　座　預　金	7,000,000
10/25	(借)	当　座　預　金	3,700,000	(貸)	有　価　証　券	3,500,000
					有価証券売却益	200,000
12/ 3	(借)	有価証券評価損	250,000	(貸)	有　価　証　券	250,000

STEP 2　　**発展問題** チャレンジしよう　　　　　(解答⇨*p.9*)

1　滋賀商店（個人企業　決算年1回　12月31日）の総勘定元帳勘定残高と決算整理事項は次のとおりであった。よって，決算整理仕訳を示しなさい。　　(全商90回一部修正)

元帳勘定残高

有価証券　¥1,450,000

決算整理事項

有価証券は，売買目的で保有している次の株式であり，時価によって評価する。

　　彦根商事株式会社　500株　時価　1株　¥3,100

　　(借)　　　　　　　　　　　　　　(貸)

2　東北商店（個人企業　決算年1回　12月31日）の総勘定元帳勘定残高と決算整理事項は次のとおりであった。よって，決算整理仕訳を示しなさい。　　(全商91回一部修正)

元帳勘定残高

有価証券　¥1,340,000

決算整理事項

有価証券は，売買目的で保有している次の株式であり，時価によって評価する。

　　南東商事株式会社　200株　時価　1株　¥6,400

　　(借)　　　　　　　　　　　　　　(貸)

3　有価証券は，売買を目的として保有する姫路商事株式会社の株式300株（1株あたりの帳簿価額¥5,400）であり，時価（1株あたり¥5,700）によって評価する。

　　　　　　　　　　　　　　　　　　　　　　　　(全商64回一部修正)

　　(借)　　　　　　　　　　　　　　(貸)

20 間接法による減価償却

BASIS 基本例題 完全にマスターしよう

1 次の取引を直接法と間接法とで仕訳しなさい。

12月31日　決算(年1回)にさいし，取得原価 *¥2,000,000* の建物について減価償却を

定額法でおこなった。　定額法 $\left(\text{毎期の償却額}=\dfrac{\text{取得原価－残存価額}}{\text{耐用年数}}\right)$

$\dfrac{¥2,000,000-¥200,000}{20}=¥90,000$

残存価額は取得原価の10%　耐用年数20年

$¥2,000,000\times0.1=¥200,000$

2 次の取引の仕訳を示しなさい。ただし，間接法で処理すること。

12月31日　決算(年1回)にさいし，取得原価 *¥500,000* の備品について第1期の減価

償却を定率法でおこなった。ただし，償却率は0.369とする。

定率法(毎期の減価償却費＝未償却残高×償却率)

$¥500,000\times0.369=¥184,500$

　　〃　　減価償却費を損益勘定に振り替えた。

STEP 1 基本問題 実力をアップしよう　　　　　　　　　　　(解答⇨*p.10*)

1 次の取引を直接法と間接法とで仕訳しなさい。

取得原価 *¥600,000*　残存価額は取得原価の10%　耐用年数15年の備品の減価償却を定額

法でおこなった。なお決算は年1回である。

直接法　(借)　　　　　　　　　　　　　　(貸)

間接法　(借)　　　　　　　　　　　　　　(貸)

2 次の取引の仕訳を示し，各勘定に転記して締め切りなさい。

12月31日　決算(年1回　12月31日)にあたり，備品(取得原価 *¥2,400,000*　備品減価償

却累計額 *¥600,000*)の減価償却をおこなった。ただし，定率法により償却率は25

%とする。

　　〃　　減価償却費勘定の残高を損益勘定に振り替えた。

	借　　　　方	貸　　　　方
12/31		
〃		

備　　　　品		備品減価償却累計額	
1/1 前 期 繰 越 *2,400,000*			1/1 前 期 繰 越 *600,000*

減 価 償 却 費

❖ 間接法による減価償却 　減価償却額を，減価償却費勘定の借方に記入するとともに，減価償却累計額勘定の貸方に記入する。

1 直接法

12/31 (借)減価償却費 90,000 　(貸)建 　　　物 90,000

間接法

〃 　(借)減価償却費 90,000 　(貸)建物減価償却累計額 90,000

2

12/31 (借)減価償却費 184,500 　(貸)備品減価償却累計額 184,500

〃 　(借)損 　　　益 184,500 　(貸)減価償却費 184,500

2の勘定記入面

備　品
	500,000	12/31 次期繰越	500,000
1/1 前期繰越	500,000		

備品減価償却累計額
12/31 次期繰越	184,500	12/31 減価償却費	184,500
	184,500		184,500
		1/1 前期繰越	184,500

減価償却費
12/31 備品減価償却累計額	184,500	12/31 損　益	184,500

STEP 2 　発展問題 チャレンジしよう 　　　　　(解答⇨*p.10*)

1 四国商店（個人企業　決算年1回　12月31日）の総勘定元帳勘定残高と決算整理事項は次のとおりであった。よって，決算整理仕訳を示しなさい。 (全商92回一部修正)

元帳勘定残高
備 　　　品 *¥1,200,000* 　備品減価償却累計額 *¥240,000*

決算整理事項
備品減価償却高 　定率法による。ただし，償却率は25％とする。

借　　　　　方	貸　　　　　方

2 東北商店（個人企業　決算年1回　12月31日）の総勘定元帳勘定残高と決算整理事項は次のとおりであった。よって，決算整理仕訳を示しなさい。 (全商91回一部修正)

元帳勘定残高
備 　　　品 *¥2,800,000* 　備品減価償却累計額 *¥700,000*

決算整理事項
備品減価償却高 　定額法による。ただし，残存価額は零 (0) 　耐用年数は8年とする。

借　　　　　方	貸　　　　　方

3 滋賀商店（個人企業　決算年1回　12月31日）の総勘定元帳勘定残高と決算整理事項は次のとおりであった。よって，決算整理仕訳を示しなさい。 (全商90回一部修正)

元帳勘定残高
建 　　　物 *¥4,000,000* 　建物減価償却累計額 *¥1,800,000* 　備 　　　品 *¥1,200,000*
備品減価償却累計額 *¥ 240,000*

決算整理事項
減 価 償 却 高 　建物：定額法による。ただし，残存価額は零 (0) 　耐用年数は20年とする。
　　　　　　　　備品：定率法による。ただし，償却率は20％とする。

借　　　　　方	貸　　　　　方

21 精算表(2) —有価証券・減価償却—

BASIS | **基本例題** 完全にマスターしよう

次の決算整理事項によって，精算表を完成しなさい（総勘定元帳勘定残高は試算表欄に記入済み）。

決算整理事項

a．期末商品棚卸高 *¥250,000*
　①(借)仕　　　入*190,000*　(貸)繰越商品*190,000*
　②(借)繰越商品*250,000*　(貸)仕　　　入*250,000*

c．備品減価償却高 *¥15,000*
　(借)減価償却費*15,000*　(貸)備品減価償却累計額*15,000*

d．有価証券評価高 *¥280,000*
　(借)有価証券評価損*20,000*　(貸)有価証券*20,000*

b．貸倒見積高　売掛金の期末残高に対し，5％と見積もり，貸倒引当金を設定する。
　(借)貸倒引当金繰入*24,000*　(貸)貸倒引当金　*24,000*

e．引出金は整理する。
　(借)資本金*30,000*　(貸)引出金　*30,000*

解答

精　算　表
令和 ○ 年 12 月 31 日

勘 定 科 目	残高試算表 借方	残高試算表 貸方	整理記入 借方	整理記入 貸方	損益計算書 借方	損益計算書 貸方	貸借対照表 借方	貸借対照表 貸方
現　　　　金	*67,000*						67,000	
当 座 預 金	*700,000*						700,000	
売 　掛 　金	*600,000*			仕訳bの借方			600,000	
貸 倒 引 当 金		*6,000*		24,000				5％の金額→ 30,000
有 価 証 券	*300,000*		仕訳dの貸方→	20,000			評価高→ 280,000	
繰 越 商 品	*190,000*		250,000	190,000			250,000	
貸 　付 　金	*500,000*		仕訳a②の借方	仕訳a①の貸方			500,000	
備　　　　品	*150,000*						150,000	
備品減価償却累計額		*45,000*		15,000				60,000
支 払 手 形		*200,000*		仕訳cの貸方				200,000
買 　掛 　金		*300,000*						300,000
資 　本 　金		*1,300,000*	30,000					1,270,000
引 　出 　金	*30,000*			30,000				
売　　　　上		*1,980,000*		仕訳eの貸方		1,980,000		
受 取 利 息		*20,000*				20,000		
受 取 手 数 料		*129,000*				129,000		
仕　　　　入	*860,000*		190,000	250,000	800,000			
給　　　　料	*140,000*		仕訳a①の借方	仕訳a②の貸方	140,000			
保 　険 　料	*180,000*				180,000			
支 払 家 賃	*263,000*				263,000			
	3,980,000	*3,980,000*						
貸倒引当金繰入			仕訳bの借方→ 24,000		24,000			
減 価 償 却 費			仕訳cの借方→ 15,000		15,000			
有価証券評価損			仕訳dの借方→ 20,000		20,000			
当 期 純 利 益					687,000			687,000
			529,000	529,000	2,129,000	2,129,000	2,547,000	2,547,000

●うすい文字・数字の部分は，すでに問題の中に記入されていることを示す。

❖ 有価証券の評価については，帳簿価額（有価証券勘定の残高）と評価高との差額を，有価証券評価損勘定の借方に記入するとともに，有価証券勘定の貸方に記入する。（帳簿価額 ＞ 評価高のとき）

STEP 1　基本問題　実力をアップしよう　　　　　　（解答⇨p.11）

次の決算整理事項等によって，精算表を完成しなさい。

決算整理事項
a. 期末商品棚卸高　*¥180,000*
b. 貸倒見積高　売掛金の期末残高に対し，2％と見積もり，貸倒引当金を設定する。
c. 備品減価償却高　*¥25,000*
d. 有価証券評価高　*¥250,000*
e. 引出金は整理する。

解答欄

精　算　表
令和 ○ 年 12 月 31 日

勘 定 科 目	残 高 試 算 表		整 理 記 入		損 益 計 算 書		貸 借 対 照 表	
	借 方	貸 方	借 方	貸 方	借 方	貸 方	借 方	貸 方
現　　　　　金	470,000							
売　　掛　　金	1,100,000							
貸 倒 引 当 金		9,000						
有 価 証 券	300,000							
繰 越 商 品	190,000							
備　　　　　品	250,000							
備品減価償却累計額		50,000						
支 払 手 形		600,000						
資　　本　　金		1,000,000						
引　出　金	50,000							
売　　　　　上		2,149,000						
仕　　　　　入	1,308,000							
給　　　　　料	140,000							
	3,808,000	3,808,000						
貸倒引当金繰入								
減 価 償 却 費								
有価証券評価損								
当 期 純 利 益								

❖ 消耗品の未使用高は，消耗品勘定の貸方に記入するとともに，消耗品勘定の借方に記入する。

STEP 2 　発展問題　チャレンジしよう　　　　　　　　（解答⇨**p.12**）

1 次の決算整理事項によって，精算表を完成しなさい。

決算整理事項

a．期末商品棚卸高　¥900,000
b．貸倒見積高　売掛金の期末残高に対し，2％と見積もり，貸倒引当金を設定する。
c．備品減価償却高　取得原価¥900,000　残存価額は零（0）　耐用年数10年で定額法による。
d．有価証券評価高　¥800,000
e．保険料前払高　¥ 3,000

解答欄

精　算　表

令和 ○ 年 12 月 31 日

勘 定 科 目	残高試算表 借　方	残高試算表 貸　方	整理記入 借　方	整理記入 貸　方	損益計算書 借　方	損益計算書 貸　方	貸借対照表 借　方	貸借対照表 貸　方
現　　　　　金	1,804,000							
売　　掛　　金	2,400,000							
貸 倒 引 当 金		13,000						
有 価 証 券	750,000							
繰 越 商 品	845,000							
備　　　　　品	900,000							
備品減価償却累計額		450,000						
買　　掛　　金		1,532,000						
資　　本　　金		4,000,000						
売　　　　　上		2,313,000						
仕　　　　　入	1,350,000							
支 払 家 賃	220,000							
保　　険　　料	39,000							
	8,308,000	8,308,000						
貸倒引当金繰入								
減 価 償 却 費								
有価証券評価益								
前 払 保 険 料								
当 期 純 利 益								

2 次の決算整理事項によって，精算表を完成しなさい。

決算整理事項

a．期末商品棚卸高　¥570,000
b．貸倒見積高　売掛金の期末残高に対し，1％と見積もり，貸倒引当金を設定する。
c．備品減価償却高　¥72,000
d．有価証券評価高　有価証券は売買を目的として保有している次の株式であり，時価によって評価する。
　　北東株式会社　100株
　　時価　1株　¥4,000
e．保険料前払高　¥20,000
f．給料未払高　¥19,000

解答欄

精　算　表
令和 ○ 年 12 月 31 日

勘 定 科 目	残高試算表 借 方	残高試算表 貸 方	整 理 記 入 借 方	整 理 記 入 貸 方	損益計算書 借 方	損益計算書 貸 方	貸借対照表 借 方	貸借対照表 貸 方
現　　　　　金	210,000							
当 座 預 金	1,240,000							
売　　掛　　金	1,400,000							
貸 倒 引 当 金		10,000						
有 価 証 券	370,000							
繰 越 商 品	590,000							
備　　　　　品	360,000							
備品減価償却累計額		72,000						
支 払 手 形		1,518,000						
資　　本　　金		1,000,000						
売　　　　　上		7,400,000						
仕　　　　　入	5,200,000							
給　　　　　料	510,000							
保　　険　　料	48,000							
雑　　　　　費	72,000							
	10,000,000	10,000,000						
貸倒引当金繰入								
減 価 償 却 費								
有価証券評価益								
前 払 保 険 料								
未 払 給 料								
当 期 純 利 益								

損益勘定の記入

BASIS **基本例題** 完全にマスターしよう

　鹿児島商店（個人企業　決算年1回　12月31日）の総勘定元帳勘定残高と決算整理事項は次のとおりであった。よって，総勘定元帳の損益勘定に必要な記入をおこないなさい。

元帳勘定残高

現　　　金	¥4,017,000	受 取 手 形	¥1,000,000	売 掛 金	¥500,000
貸倒引当金	7,000	有 価 証 券	1,300,000	繰 越 商 品	400,000
備　　　品	2,000,000	備品減価償却累計額	400,000	支 払 手 形	2,500,000
資 本 金	5,000,000	売　　　上	4,500,000	受 取 手 数 料	120,000
仕　　　入	2,600,000	給　　　料	300,000	発 送 費	230,000
支 払 家 賃	100,000	雑　　　費	50,000	支 払 利 息	30,000

決算整理事項

a．期末商品棚卸高　¥350,000
　　(借)仕　　　入400,000　(貸)繰 越 商 品400,000
　　(借)繰 越 商 品350,000　(貸)仕　　　入350,000
c．備品減価償却高　定率法による。
　　ただし，償却率は20%とする。
　　(借)減価償却費320,000　(貸)備品減価償却累計額320,000
d．有価証券評価高　¥1,320,000
　　(借)有 価 証 券20,000　(貸)有価証券評価益20,000

b．貸倒見積高　受取手形と売掛金の期末残高に対し，それぞれ2%と見積もり，貸倒引当金を設定する。
　　(借)貸倒引当金繰入 23,000　(貸)貸倒引当金 23,000

総 勘 定 元 帳

損　　　益

売上原価を表す。						
12/31	仕　　　入	2,650,000	12/31	売　　　上	4,500,000
〃	給　　　料	300,000	〃	受 取 手 数 料	120,000
〃	発 送 費	230,000	〃	有価証券評価益	20,000
〃	貸倒引当金繰入	23,000			
〃	減 価 償 却 費	320,000			
〃	支 払 家 賃	100,000			
〃	雑　　　費	50,000			
〃	支 払 利 息	30,000			
〃	資 本 金	937,000			
		4,640,000			4,640,000

当期純利益は資本金勘定に振り替えられる。
(借) 損　益 937,000　(貸) 資本金 937,000

長崎商店（個人企業 決算年1回 12月31日）の総勘定元帳勘定残高と決算整理事項は次のとおりであった。よって，総勘定元帳の損益勘定に必要な記入をおこないなさい。

元帳勘定残高

現　　　　　金	¥818,000	受　取　手　形	¥1,000,000	売　　掛　　金	¥600,000
貸 倒 引 当 金	8,000	有　価　証　券	1,100,000	繰　越　商　品	320,000
備　　　　　品	1,600,000	備品減価償却累計額	400,000	支　払　手　形	1,650,000
資　　本　　金	3,000,000	売　　　　　上	5,200,000	受 取 手 数 料	120,000
固定資産売却益	30,000	仕　　　　　入	4,300,000	発　　送　　費	150,000
支　払　家　賃	200,000	保　　険　　料	228,000	消　耗　品　費	34,000
雑　　　　　費	45,000	支　払　利　息	13,000		

決算整理事項

a．期末商品棚卸高　　¥400,000

b．貸 倒 見 積 高　　受取手形と売掛金に対し，それぞれ2％と見積もり，貸倒引当金を設定する。

c．備品減価償却高　　定率法による。ただし，毎期の償却率は25％とする。

d．有価証券評価高　　有価証券は売買目的で保有している次の株式であり，時価によって評価する。

　　　　　　　　　　佐世保商事株式会社　200株　時価　1株　¥6,000

e．消耗品未使用高　　未使用分¥3,000を消耗品勘定により繰り延べる。

総 勘 定 元 帳

損　　　　　益

12/31	仕　　　　　入		12/31	売　　　　　上	
〃	発　　送　　費		〃	受 取 手 数 料	
〃	貸倒引当金繰入		〃	（　　　　　）	
〃	減 価 償 却 費		〃	（　　　　　）	
〃	支　払　家　賃				
〃	保　　険　　料				
〃	消　耗　品　費				
〃	雑　　　　　費				
〃	支　払　利　息				
〃	（　　　　　）				

1 山陽商店（個人企業　決算年1回　12月31日）の総勘定元帳勘定残高と決算整理事項は次のとおりであった。よって，総勘定元帳の損益勘定に必要な記入をおこないなさい。

（全商80回一部修正）

元帳勘定残高

現　　　　　金	¥3,865,000	受 取 手 形	¥1,400,000	売　　掛　　金	¥1,600,000
貸 倒 引 当 金	19,000	有 価 証 券	1,530,000	繰 越 商 品	1,240,000
備　　　　　品	3,600,000	備品減価償却累計額	900,000	買　　掛　　金	2,987,000
資　　本　　金	7,900,000	売　　　　上	17,200,000	受 取 手 数 料	193,000
仕　　　　　入	12,540,000	給　　　　料	2,328,000	支 払 家 賃	708,000
保　　険　　料	272,000	消 耗 品 費	79,000	雑　　　　費	37,000

決算整理事項

a．期末商品棚卸高　¥1,370,000

b．貸 倒 見 積 高　受取手形と売掛金の期末残高に対し，それぞれ2％と見積もり，貸倒引当金を設定する。

c．備品減価償却　定率法による。ただし，毎期の償却率を25％とする。

d．有価証券評価高　¥1,590,000　　　e．消耗品未使用高　¥26,000

f．保険料前払高　¥　39,000　　　g．利 息 未 収 高　¥14,000

総　勘　定　元　帳

損　　　　　益　　　　　　31

12/31	仕　　　　　入		12/31	売　　　　　上	
〃	給　　　　料		〃	受 取 手 数 料	
〃	（　　　　　）		〃	（　　　　　）	
〃	（　　　　　）		〃	（　　　　　）	
〃	支 払 家 賃				
〃	保　険　料				
〃	消 耗 品 費				
〃	雑　　　費				
〃	（　　　　　）				

2 栃木商店（個人企業　決算年1回　12月31日）の総勘定元帳勘定残高と付記事項および決算整理事項は次のとおりであった。よって，総勘定元帳の損益勘定に必要な記入をおこないなさい。
(全商86回一部修正)

元帳勘定残高

現　　　　金	¥3,186,000	受 取 手 形	¥1,600,000	売　　掛　　金	¥1,900,000
貸 倒 引 当 金	9,000	有 価 証 券	1,820,000	繰 越 商 品	1,240,000
備　　　　品	3,750,000	備品減価償却累計額	1,875,000	買　　掛　　金	3,627,000
資　　本　　金	7,000,000	売　　　　上	16,905,000	受 取 手 数 料	123,000
固定資産売却益	67,000	仕　　　　入	12,480,000	給　　　　料	2,142,000
発　送　費	345,000	支 払 家 賃	756,000	保　　険　　料	228,000
消 耗 品 費	94,000	雑　　　　費	45,000	支 払 利 息	20,000

付記事項

① 得意先宇都宮商店に商品を売り渡し，当店負担の発送費¥16,000を現金で支払ったさい，誤って次のように仕訳をしていたので修正する。

　　（借）雑　　　　費　16,000　　（貸）現　　　　金　16,000

決算整理事項

a．期末商品棚卸高　¥1,520,000

b．貸 倒 見 積 高　受取手形と売掛金の期末残高に対し，それぞれ1％と見積もり，貸倒引当金を設定する。

c．備品減価償却高　定額法による。ただし，残存価額は零（0）　耐用年数は6年とする。

d．有価証券評価高　¥1,925,000　　　　e．消耗品未使用高　¥　9,000

f．保険料前払高　¥　45,000　　　　g．利息未払高　¥10,000

総　勘　定　元　帳

損　　益　　　　　　　　　　　31

12/31	仕　　　　入		12/31	売　　　　上	
〃	給　　　料		〃	受 取 手 数 料	
〃	発　送　費		〃	（　　　　）	
〃	（　　　　）		〃	固定資産売却益	
〃	（　　　　）				
〃	支 払 家 賃				
〃	保　険　料				
〃	消 耗 品 費				
〃	雑　　　費				
〃	支 払 利 息				
〃	（　　　　）				

損益計算書のつくりかた

BASIS | **基本例題** 完全にマスターしよう

　千葉商店（個人企業　決算年1回　12月31日）の総勘定元帳勘定残高と決算整理事項は次のとおりであった。よって，損益計算書を作成しなさい。

元帳勘定残高

現　　金	¥327,000	当座預金	¥670,000	売 掛 金	¥680,000
貸倒引当金	6,000	有価証券	300,000	繰越商品	195,000
備　　品	500,000	備品減価償却累計額	100,000	買 掛 金	680,000
借 入 金	350,000	資 本 金	1,000,000	引 出 金	42,000
売　　上	1,980,000	受取手数料	18,000	仕　　入	920,000
給　　料	140,000	支払家賃	90,000	保 険 料	80,000
消耗品費	90,000	雑　　費	70,000	支払利息	30,000

決算整理事項

a．期末商品棚卸高　¥205,000
（借）仕　　　入195,000　（貸）繰越商品195,000
繰越商品205,000　仕　　　入205,000

b．貸倒見積高　売掛金の期末残高に対し，5％と見積もり，貸倒引当金を設定する。
（借）貸倒引当金繰入 28,000　（貸）貸倒引当金 28,000

c．備品減価償却高　¥90,000
（借）減価償却費 90,000　（貸）備品減価償却累計額 90,000

d．有価証券評価額　¥280,000
（借）有価証券評価損 20,000　（貸）有価証券 20,000

e．保険料前払高　¥16,000
（借）前払保険料 16,000　（貸）保　険　料 16,000

f．利息未払高　¥60,000
（借）支払利息 60,000　（貸）未払利息 60,000

g．消耗品未使用高　¥30,000
（借）消耗品 30,000　（貸）消耗品費 30,000

h．手数料未収高　¥12,000
（借）未収手数料 12,000　（貸）受取手数料 12,000

i．引出金は整理すること。
（借）資本金 42,000　（貸）引出金 42,000

解答

売上原価と表示　　　　　　　　　　　　　　　　　　　　　　売上高と表示

損 益 計 算 書

千葉商店　令和○年1月1日から令和○年12月31日まで　　（単位：円）

費　　用	金　　額	収　　益	金　　額
売 上 原 価	910,000	売 上 高	1,980,000
給　　料	140,000	受 取 手 数 料	30,000
貸倒引当金繰入	28,000		
減 価 償 却 費	90,000		¥18,000＋¥12,000
支 払 家 賃	90,000		
保 険 料	64,000		
消 耗 品 費	60,000		
雑　　費	70,000		
支 払 利 息	90,000		
有価証券評価損	20,000		
当 期 純 利 益	448,000		
	2,010,000		2,010,000

¥195,000＋¥920,000－¥205,000

❖ 当期の費用発生高＝元帳勘定残高－前払分＋未払分

❖ 当期の収益発生高＝元帳勘定残高－前受分＋未収分

STEP 1 **基本問題** 実力をアップしよう （解答⇨*p.14*）

山口商店(個人企業　決算年1回　12月31日)の総勘定元帳勘定残高と決算整理事項は次のとおりであった。よって，損益計算書を作成しなさい。

元帳勘定残高

現　　　金	¥173,000	当 座 預 金	¥600,000	売 掛 金	¥400,000
貸 倒 引 当 金	12,000	有 価 証 券	200,000	繰 越 商 品	240,000
備　　　品	200,000	備 品 減 価償却累計額	54,000	買 掛 金	180,000
借 入 金	100,000	資 本 金	1,200,000	引 出 金	50,000
売　　　上	1,386,000	受 取 手 数 料	10,000	仕　　　入	870,000
給　　　料	105,000	支 払 家 賃	12,000	保 険 料	72,000
消 耗 品 費	7,000	雑　　　費	8,000	支 払 利 息	5,000

決算整理事項

a．期末商品棚卸高　¥360,000　　b．貸 倒 見 積 高　売掛金の期末残高に対し，

c．備品減価償却高　¥　9,000　　　　　　　5％と見積もり，貸倒引当金を設定する。

d．有価証券評価高　¥170,000　　e．保 険 料 前 払 高　¥　18,000

f．利 息 未 払 高　¥ 19,000　　g．消耗品未使用高　¥　2,000

h．手 数 料 未 収 高　¥ 12,000　　i．引出金は整理すること。

解答欄

損 益 計 算 書

山口商店　　　　　　　令和○年1月1日から令和○年12月31日まで　　　　　　（単位：円）

費　　　用	金　　　額	収　　　益	金　　　額
売 上 原 価		売 上 高	
給　　　料		受 取 手 数 料	
（　　　　　）			
（　　　　　）			
支 払 家 賃			
保 険 料			
消 耗 品 費			
雑　　　費			
支 払 利 息			
（　　　　　）			
（　　　　　）			

❖ 減価償却費の計算にあたっては，残存価額の確認を忘れないように。

STEP 2 発展問題 チャレンジしよう （解答⇨*p.15*）

1 宮城商店（個人企業 決算年1回 12月31日）の総勘定元帳勘定残高と決算整理事項は次のとおりであった。よって，損益計算書を作成しなさい。

総勘定元帳 （注） 総勘定元帳の記録は合計額で示してある。

現 金	売 掛 金	貸倒引当金	有 価 証 券
9,514,000 | 7,956,000	7,580,000 | 3,980,000	50,000 | 76,000	840,000 |

繰 越 商 品	備 品	備品減価償却累計額	買 掛 金
920,000 |	1,000,000 |	| 200,000	3,118,000 | 5,530,000

借 入 金	資 本 金	売 上	受 取 手 数 料
200,000 | 640,000	| 4,200,000	55,000 | 8,693,000	| 45,000

仕 入	給 料	支 払 家 賃	保 険 料
6,160,000 | 48,000	895,000 |	385,000 |	75,000 |

広 告 料	消 耗 品 費	支 払 利 息	
420,000 |	131,000 |	25,000 |	

決算整理事項
a．期末商品棚卸高 ¥870,000
b．貸倒見積高 売掛金の期末残高に対し，2％と見積もり，貸倒引当金を設定する。
c．備品減価償却高 定率法により，毎期の償却率を20％とする。
d．有価証券はA社株式100株（1株あたりの帳簿価額¥8,400）であるが，¥720,000 に評価替えした。
e．保険料前払高 ¥ 15,000
f．支払家賃¥385,000 は，11か月分の支払いであり，1か月分が未払いとなっている。
g．消耗品未使用高 ¥ 46,000

解答欄

損 益 計 算 書

宮城商店　　　　令和○年1月1日から令和○年12月31日まで　　　（単位：円）

費　　用	金　額	収　　益	金　額
売 上 原 価		売 上 高	
給 料		受 取 手 数 料	
（　　　　）			
（　　　　）			
支 払 家 賃			
保 険 料			
（　　　　）			
消 耗 品 費			
支 払 利 息			
（　　　　）			
（　　　　）			

2 秋田商店（個人企業　決算年1回　12月31日）の総勘定元帳勘定残高と決算整理事項は次のとおりであった。よって，

(1) 受取利息勘定に必要な記入をおこない，締め切りなさい。ただし，勘定記入は日付・相手科目・金額を示すこと。

(2) 損益計算書を完成しなさい。

元帳勘定残高

現　　　　金	¥280,000	当 座 預 金	¥1,640,000	売　掛　金	¥3,600,000
貸倒引当金	16,000	有 価 証 券	1,300,000	繰 越 商 品	1,240,000
貸　付　金	512,000	備　　　品	1,400,000	備品減価償却累計額	540,000
買　掛　金	3,500,000	借　入　金	830,000	資　本　金	4,000,000
売　　　上	9,750,000	受 取 利 息	48,000	仕　　　入	6,580,000
給　　　料	1,270,000	広　告　料	298,000	支 払 家 賃	420,000
保　険　料	49,000	雑　　　費	60,000	支 払 利 息	35,000

決算整理事項

a．期末商品棚卸高　¥1,200,000　　b．貸倒見積高　売掛金の期末残高に対し，1%と見積もり，貸倒引当金を設定する。

c．備品減価償却高　¥180,000

d．有価証券評価高　¥1,150,000　　e．利息未収高　¥12,000

f．保険料前払高　¥7,000

解答欄

(1)

受　取　利　息

		9/30	現　　　金	48,000

(2)

損　益　計　算　書

秋田商店　　　　　　　令和○年1月1日から令和○年12月31日まで　　　　　　（単位：円）

費　　用	金　　額	収　　益	金　　額
売 上 原 価		売　上　高	
給　　　料		受 取 利 息	
（　　　　　）			
（　　　　　）			
支 払 家 賃			
保　険　料			
広　告　料			
雑　　　費			
支 払 利 息			
（　　　　　）			
（　　　　　）			

3　東北商店（個人企業　決算年1回　12月31日）の総勘定元帳勘定残高と付記事項および決算整理事項は，次のとおりであった。よって，損益計算書を完成しなさい。

（全商91回一部修正）

元帳勘定残高

現　　　　金	¥3,254,000	受 取 手 形	¥1,800,000	売　掛　金	¥2,960,000
貸倒引当金	9,000	有 価 証 券	1,340,000	繰 越 商 品	1,470,000
備　　　　品	2,800,000	備品減価償却累計額	700,000	支 払 手 形	5,061,000
仮　受　金	260,000	資　本　金	7,000,000	売　　　上	21,980,000
受取手数料	196,000	仕　　　入	15,132,000	給　　　料	5,280,000
支 払 家 賃	715,000	保　険　料	228,000	消 耗 品 費	86,000
雑　　　　費	96,000	支 払 利 息	45,000		

付記事項

① 仮受金¥260,000 は，盛岡商店に対する売掛金の回収額であることが判明した。

決算整理事項

a．期末商品棚卸高　¥1,720,000
b．貸倒見積高　受取手形と売掛金の期末残高に対し，それぞれ1％と見積もり，貸倒引当金を設定する。
c．備品減価償却高　定額法による。ただし，残存価額は零（0）　耐用年数は8年とする。
d．有価証券評価高　¥1,280,000
e．消耗品未使用高　¥32,000
f．保険料前払高　¥ 45,000
g．未払家賃高　¥65,000

解答欄

損　益　計　算　書

東北商店　　　　　令和○年1月1日から令和○年12月31日まで　　　（単位：円）

費　　　　　用	金　　額	収　　　　　益	金　　額
売 上 原 価		売　上　高	
給　　　　料		受 取 利 息	
（　　　　）			
（　　　　）			
支 払 家 賃			
保　険　料			
消 耗 品 費			
雑　　　　費			
支 払 利 息			
（　　　　）			
（　　　　）			

4 岡山商店（個人企業 決算年1回 12月31日）の総勘定元帳勘定残高と付記事項および決算整理事項は，次のとおりであった。よって，損益計算書を完成しなさい。

（全商88回一部修正）

元帳勘定残高

現　　　　金	¥3,830,000	受 取 手 形	¥1,800,000	売　掛　金	¥2,600,000
貸倒引当金	2,000	有 価 証 券	1,440,000	繰 越 商 品	2,070,000
備　　　品	2,300,000	備品減価償却累計額	920,000	買　掛　金	4,000,000
資　本　金	7,451,000	売　　　上	21,701,000	有価証券売却益	52,000
仕　　　入	17,020,000	給　　料	1,794,000	支 払 家 賃	822,000
保　険　料	210,000	消 耗 品 費	61,000	雑　　　費	80,000
支 払 利 息	99,000				

付記事項

① 売掛金¥100,000を現金で回収していたが未処理である。

決算整理事項

a．期末商品棚卸高　¥1,850,000
b．貸倒見積高　受取手形と売掛金の期末残高に対し，それぞれ1％と見積もり，貸倒引当金を設定する。
c．備品減価償却高　定率法による。ただし，償却率は40％とする。
d．有価証券評価高　¥1,500,000
e．消耗品未使用高　¥45,000
f．保険料前払高　¥　69,000
g．利息未払高　¥　9,000

解答欄

損 益 計 算 書

岡山商店　　　　令和○年1月1日から令和○年12月31日まで　　　　（単位：円）

費　　　用	金　　額	収　　　益	金　　額
売 上 原 価		売 上 高	
給　　　　料		有 価 証 券 売 却 益	
（　　　　）		（　　　　）	
（　　　　）			
支 払 家 賃			
保 険 料			
（　　　　）			
雑　　　費			
支 払 利 息			
（　　　　）			

5 東京商店（個人企業 決算年1回 12月31日）の総勘定元帳勘定残高と付記事項および決算整理事項は，次のとおりであった。よって，損益計算書を完成しなさい。

（全商83回一部修正）

元帳勘定残高

現　　　金	¥3,114,000	受 取 手 形	¥1,800,000	売 　掛　 金	¥2,300,000
貸倒引当金	7,000	有 価 証 券	1,440,000	繰 越 商 品	1,870,000
備　　　品	1,200,000	備品減価償却累計額	300,000	買 　掛　 金	3,499,000
前 　受　 金	200,000	資 　本　 金	7,000,000	売　　　上	19,600,000
受 取 手数料	129,000	仕　　　入	14,320,000	給　　　料	4,164,000
保 　険　 料	195,000	消 耗 品 費	132,000	雑　　　費	200,000

付記事項

① 得意先北陸商店から商品の注文を受け，内金¥200,000 を受け取っていたが，得意先中部商店に対する売掛金の回収額として処理していたので，これを修正する。

決算整理事項

a．期末商品棚卸高 ¥1,630,000

b．貸倒見積高 受取手形と売掛金の期末残高に対し，それぞれ2％と見積もり，貸倒引当金を設定する。

c．備品減価償却高 定率法による。ただし，償却率は25％とする。

d．有価証券評価高 ¥1,368,000

e．消耗品未使用高 ¥34,000

f．保険料前払高 保険料のうち¥168,000 は，本年3月1日から1年分を支払ったものであり，前払高を繰り延べる。

解答欄

損 益 計 算 書

東京商店　　　　　　　　令和○年1月1日から令和○年12月31日まで　　　　　　　（単位：円）

費　　　　用	金　　　額	収　　　　益	金　　　額
売 上 原 価		売 　上　 高	
給　　　　料		受 取 手 数 料	
（　　　　　）			
（　　　　　）			
保 　険　 料			
（　　　　　）			
雑　　　　費			
有 価 証 券 評 価 損			
（　　　　　）			

6 山梨商店（個人企業　決算年１回　12月31日）の総勘定元帳勘定残高と付記事項および決算整理事項は，次のとおりであった。よって，損益計算書を完成しなさい。

元帳勘定残高

現　　　　金	¥3,464,000	受 取 手 形	¥1,250,000	売 　掛　 金	¥2,960,000
貸倒引当金	9,000	有 価 証 券	1,120,000	繰 越 商 品	1,620,000
備　　　　品	1,200,000	備品減価償却累計額	750,000	買 　掛 　金	4,245,000
資　 本　 金	6,000,000	売　　　　上	19,421,000	受 取 手 数 料	52,000
仕　　　　入	13,924,000	給　　　　料	3,582,000	支 払 家 賃	1,020,000
保　 険　 料	192,000	消 耗 品 費	91,000	雑　　　　費	46,000
支 払 利 息	8,000				

付記事項

① 大月商店に対する売掛金¥160,000 が当店の当座預金口座に振り込まれていたが，記帳していなかった。

決算整理事項

a．期末商品棚卸高　¥1,728,000

b．貸倒見積高　受取手形と売掛金の期末残高に対し，それぞれ２％と見積もり，貸倒引当金を設定する。

c．備品減価償却高　定額法による。ただし，残存価額は零（0）　耐用年数は８年とする。

d．有価証券評価高　¥1,160,000

e．消耗品未使用高　¥23,000

f．保険料前払高　¥39,000

g．利息未払高　¥4,000

解答欄

損 益 計 算 書

山梨商店　　　　令和○年１月１日から令和○年12月31日まで　　　　（単位：円）

費　　　　用	金　　額	収　　　　益	金　　額
売 上 原 価		売 上 高	
給　　　　料		受 取 手 数 料	
（　　　　　）		（　　　　　）	
（　　　　　）			
支 払 家 賃			
保 　険 　料			
消 耗 品 費			
雑　　　　費			
支 払 利 息			
（　　　　　）			

24 貸借対照表のつくりかた

BASIS 基本例題 完全にマスターしよう

広島商店（個人企業　決算年1回　12月31日）の総勘定元帳勘定残高と決算整理事項は次のとおりであった。よって，貸借対照表を完成しなさい。

元帳勘定残高

現　　　金	¥180,000	当 座 預 金	¥900,000	売　掛　金	¥850,000
貸倒引当金	8,000	有 価 証 券	500,000	繰 越 商 品	760,000
備　　　品	800,000	備品減価償却累計額	180,000	支 払 手 形	450,000
買　掛　金	550,000	借　入　金	250,000	資　本　金	2,300,000
売　　　上	1,920,000	受取手数料	42,000	仕　　　入	1,070,000
給　　　料	300,000	保　険　料	280,000	支 払 利 息	60,000

決算整理事項

a．期末商品棚卸高　¥800,000
（借）仕　　入760,000　（貸）繰越商品760,000
（借）繰越商品800,000　（貸）仕　　入800,000

b．貸倒見積高　売掛金の期末残高に対し，2％と見積もり，貸倒引当金を設定する。
（借）貸倒引当金繰入 9,000　（貸）貸倒引当金 9,000

c．備品減価償却高　¥90,000
（借）減価償却費90,000　（貸）備品減価償却累計額90,000

d．保険料前払高　¥80,000
（借）前払保険料80,000　（貸）保　険　料80,000

e．利 息 未 払 高　¥40,000
（借）支 払 利 息40,000　（貸）未 払 利 息40,000

f．手数料未収高　¥21,000
（借）未収手数料21,000　（貸）受取手数料21,000

解答

貸 借 対 照 表

広島商店　　　　　　　　　令和 ○ 年 12 月 31 日

資　　　産	金　　額	負債および純資産	金　　額
現　　金	180,000	支 払 手 形	450,000
（当座預金）	900,000	買　掛　金	550,000
控除形式 〔売 掛 金（ 850,000） 　（貸倒引当金）（ 17,000）〕	833,000	借　入　金	250,000
		（未 払 利 息）	40,000
有価証券	500,000	資　本　金	2,300,000
（前払保険料）	80,000	（当期純利益）	254,000
（未収手数料）	21,000		
（商　　　品）	800,000		
控除形式 〔備　　品（ 800,000） 　（減価償却累計額）（ 270,000）〕	530,000		
	3,844,000		3,844,000

控除形式
繰越商品は商品と表示する。

¥180,000＋¥90,000

●うすい文字・数字の部分は，すでに問題の中に記入されていることを示す。

覚えよう

❖ 前払○○勘定，未収○○勘定および消耗品勘定は資産である。

❖ 前受○○勘定，未払○○勘定は負債である。

❖ 貸倒引当金, 減価償却累計額は, 評価勘定のため, 貸借対照表に記載するときは, いずれも控除形式で示す。

STEP 1 　**基本問題** 実力をアップしよう 　　　　　　　　　　（解答➡*p.16*）

岡山商店（個人企業 　決算年1回 　12月31日）の総勘定元帳勘定残高と決算整理事項は次のとおりであった。よって, 貸借対照表を完成しなさい。

元帳勘定残高

現 金	¥200,000	当 座 預 金	¥1,200,000	売 掛 金	¥1,600,000
貸 倒 引 当 金	68,000	有 価 証 券	600,000	繰 越 商 品	860,000
備 品	1,000,000	備品減価償却累計額	200,000	支 払 手 形	1,200,000
買 掛 金	850,000	借 入 金	260,000	資 本 金	2,600,000
売 上	2,800,000	受 取 手 数 料	100,000	仕 入	1,950,000
給 料	250,000	保 険 料	300,000	支 払 利 息	118,000

決算整理事項

a．期末商品棚卸高 　¥900,000

b．貸 倒 見 積 高 　売掛金の期末残高に対し, 5％と見積もり, 貸倒引当金を設定する。

c．備品減価償却高 　定額法による。ただし, 残存価額は零（0） 耐用年数は10年とする。

d．有価証券評価高 　有価証券は, 売買目的で保有している次の株式であり, 時価によって評価する。

　　　　　　　　　南東商事株式会社 　200株 　時価 　1株 　¥3,500

e．保険料前払高 　¥160,000 　　　　f．利 息 未 払 高 　¥22,000

g．手 数 料 未 収 高 　¥120,000

解答欄

貸 借 対 照 表

岡山商店 　　　　　　　　　　令和 ○ 年 12 月 31 日

資 産	金 額	負債および純資産	金 額
現 金		支 払 手 形	
当 座 預 金		買 掛 金	
売 掛 金 （ 　　　）		借 入 金	
（ 　　　）（ 　　　）		（ 　　　）	
有 価 証 券		資 本 金	
（ 　　　）		（ 　　　）	
（ 　　　）			
（ 　　　）			
備 品 （ 　　　）			
（ 　　　）（ 　　　）			

❖ 貸倒引当金差額計上法

　　設 定 額 ＞ 期末残高のとき

　　　（貸倒引当金設定額）－（貸倒引当金期末残高）＝（貸倒引当金計上額）

STEP 2 　発展問題　チャレンジしよう　　　　　　　　　　　（解答⇨*p.17*）

1 　群馬商店（個人企業　決算年1回　12月31日）の総勘定元帳勘定残高と決算整理事項は次のとおりであった。よって，

⑴　決算整理仕訳を示しなさい。

⑵　貸借対照表を完成しなさい。

元帳勘定残高

現　　　　　金	￦369,000	売　　掛　　金	￦1,350,000	貸 倒 引 当 金	￦15,000
繰 越 商 品	1,150,000	貸　付　金	700,000	備　　　品	1,500,000
備品減価償却累計額	270,000	買　掛　金	1,210,000	前　受　金	125,000
資　本　金	3,000,000	売　　　上	8,575,000	受 取 利 息	60,000
仕　　　入	6,750,000	給　　料	940,000	支 払 家 賃	330,000
保　険　料	30,000	消 耗 品 費	82,000	雑　　費	54,000

決算整理事項

a．期末商品棚卸高　￦1,160,000　　　b．貸 倒 見 積 高　売掛金の期末残高に対し，

c．備品減価償却高　￦　135,000　　　　　　　2％と見積もり，貸倒引当金を設定する。

d．利 息 前 受 高　￦　　5,000　　　e．家 賃 未 払 高　￦　30,000

f．保険料のうち￦30,000は，本年5月1日からの1年分を支払ったものであり，前払高を次期に繰り延べる。

解答欄　⑴

	借　　　　　　　方	貸　　　　　　　方
a		
b		
c		
d		
e		
f		

⑵　　　　　　　　　　　　　　貸 借 対 照 表

群馬商店　　　　　　　　　令和 ○ 年 12 月 31 日

資　　　　産	金　　額	負債および純資産	金　　額
現　　金		買　掛　金	
売 掛 金 （　　　）		（　　　　）	
（　　　）（　　　）		（　　　　）	
（　　　　）		（　　　　）	
貸 付 金		資　本　金	
（　　　　）		（　　　　）	
備　　品 （　　　）			
減価償却累計額（　　　）			

❖ 決算整理後の勘定の締め切り
① 損益計算書に載せる勘定（収益・費用の諸勘定）は，残高を損益勘定に振り替えて締め切る。
② 貸借対照表に載せる勘定（資産・負債・純資産の諸勘定）は，残高を次期繰越と赤記して締め切る。

2 高知商店（個人企業　決算年1回　12月31日）の総勘定元帳勘定残高と決算整理事項は次のとおりであった。よって，

(1) 有価証券勘定と支払利息勘定に必要な記入をおこない，締め切りなさい。ただし，勘定には日付・相手科目・金額を記入すること。

(2) 貸借対照表を完成しなさい。

元帳勘定残高

現　　　　　金	¥514,000	当 座 預 金	¥1,330,000	売　　掛　　金	¥3,400,000
貸 倒 引 当 金	3,000	有 価 証 券	1,260,000	繰 越 商 品	1,410,000
貸　付　金	800,000	備　　　品	1,200,000	備品減価償却累計額	540,000
買　掛　金	2,970,000	所得税預り金	23,000	資　本　金	6,000,000
売　　上	9,046,000	仕　　入	7,512,000	給　　料	587,000
支 払 家 賃	310,000	保　険　料	45,000	消 耗 品 費	214,000

決算整理事項

a．期末商品棚卸高　¥1,460,000　　b．貸 倒 見 積 高　売掛金の期末残高に対し，
c．備品減価償却高　¥　135,000　　　　　1％と見積もり，貸倒引当金を設定する。
d．有価証券評価高　¥1,120,000　　e．家 賃 未 払 高　¥　62,000
f．保険料前払高　¥　　9,000　　g．消耗品未使用高　¥105,000

解答欄　(1)　有　価　証　券　　　　5

2/7 当座預金 1,260,000	

支　払　家　賃　　　17

10/31現　　金 310,000	

(2)

貸　借　対　照　表

高知商店　　　　　　　令和 ○ 年 12 月 31 日

資　　　　　産	金　　額	負債および純資産	金　　額
現　　金		買　掛　金	
当 座 預 金		所得税預り金	
売　掛　金 3,400,000		（　　　　　）	
貸倒引当金（　　　）		資　本　金	
（　　　　　）		（　　　　　）	
商　　品			
（　　　　　）			
貸　付　金			
（　　　　　）			
備　　品 1,200,000			
減価償却累計額（　　　）			

3 大阪商店（個人企業　決算年1回　12月31日）の総勘定元帳勘定残高と付記事項および決算整理事項は次のとおりであった。よって，

(1) 決算整理仕訳を示しなさい。

(2) 繰越商品勘定・保険料勘定に必要な記入をおこない，締め切りなさい。ただし，勘定記入は，日付・相手科目・金額を示すこと。

(3) 損益計算書と貸借対照表を完成しなさい。

元帳勘定残高

現　　　　　金	¥2,570,000	受 取 手 形	¥1,600,000	売　掛　　金	¥1,900,000
貸 倒 引 当 金	9,000	有 価 証 券	1,820,000	繰 越 商 品	1,200,000
備　　　　　品	3,750,000	備品減価償却累計額	1,875,000	買　掛　　金	3,600,000
資　　本　　金	7,000,000	売　　　　上	8,500,000	受 取 手 数 料	120,000
固定資産売却益	60,000	仕　　　　入	4,700,000	給　　　　料	2,140,000
発　送　　費	345,000	支 払 家 賃	756,000	保　険　　料	224,000
消　耗　品　費	94,000	雑　　　　費	45,000	支 払 利 息	20,000

決算整理事項

a．期末商品棚卸高　¥1,520,000

b．貸 倒 見 積 高　受取手形と売掛金の期末残高に対し，それぞれ1％と見積もり，貸倒引当金を設定する。

c．備品減価償却高　定額法による。ただし，残存価額は零(0)　耐用年数は6年とする。

d．有価証券評価高　¥1,920,000　　　　　　e．消耗品未使用高　¥12,000

f．保険料前払高　¥　45,000

解答欄

(1)

	借　　　　　　方	貸　　　　　　方
a		
b		
c		
d		
e		
f		

❖ 損益計算書と貸借対照表の当期純損益の額が一致することによって，計算の正確さが検証できる。

解答欄

(2)

繰　越　商　品				保　険　料	
1/1 前期繰越 *1,200,000*			10/31現　　金 *224,000*		

(3)

損　益　計　算　書

大阪商店　　　　令和○年 1 月 1 日から令和○年12月31日まで　　　　　　（単位：円）

費　　　用	金　　　額	収　　　益	金　　　額
売　上　原　価		売　　上　　高	
給　　　　　料		受　取　手　数　料	
発　　送　　費		（　　　　　　）	
（　　　　　　）		固　定　資　産　売　却　益	
（　　　　　　）			
支　払　家　賃			
保　　険　　料			
（　　　　　　）			
雑　　　　　費			
支　払　利　息			
（　　　　　　）			

貸　借　対　照　表

大阪商店　　　　令和 ○ 年 12 月 31 日

資　　　産	金　　　額	負債および純資産	金　　　額
現　　　金		買　掛　金	
受　取　手　形 *1,600,000*		資　本　金	
貸倒引当金（　　　　）		（　　　　　　）	
売　掛　金 *1,900,000*			
貸倒引当金（　　　　）			
（　　　　　）			
商　　　品			
消　耗　品			
（　　　　　）			
備　　　品 *3,750,000*			
減価償却累計額（　　　）			

4 富山商店(個人企業 決算年1回 12月31日)の総勘定元帳勘定残高と決算整理事項は次の
とおりであった。よって,

(1) 決算整理仕訳を示しなさい。

(2) 貸倒引当金勘定と保険料勘定に必要な記入をおこない,締め切りなさい。ただし,勘定
記入は,日付・相手科目・金額を示すこと。

(3) 繰越試算表を完成しなさい。

(4) 損益計算書を完成しなさい。

総勘定元帳 (注) 総勘定元帳の記録は合計額で示してある。

現 金		売 掛 金		貸倒引当金		有 価 証 券	
9,611,000	7,991,000	7,580,000	3,920,000	50,000	76,000	840,000	

繰 越 商 品		備 品		備品減価償却累計額		買 掛 金	
920,000		900,000			162,000	3,118,000	5,530,000

借 入 金		資 本 金		引 出 金		売 上	
200,000	700,000		4,500,000	300,000		55,000	8,693,000

受取手数料		仕 入		給 料		広 告 料	
	45,000	6,160,000	48,000	895,000		420,000	

支 払 家 賃		保 険 料		雑 費		支 払 利 息	
385,000		75,000		131,000		25,000	

決算整理事項

a. 期末商品棚卸高 ¥870,000

b. 貸 倒 見 積 高 売掛金の期末残高に対し,5%と見積もり,貸倒引当金を設定する。

c. 備品減価償却高 ¥ 81,000

d. 有価証券評価高 ¥720,000

e. 保 険 料 前 払 高 ¥ 15,000

f. 家 賃 未 払 高 ¥ 35,000

g. 引出金は整理すること。

解答欄

	借 方	貸 方
a		
b		
c		
d		
e		
f		
g		

❖ 繰越試算表の資本金欄は，資本金勘定の残高に当期純利益を加算した金額とする。

(2)

貸 倒 引 当 金　　　　3	
50,000	1/1前期繰越　*76,000*

保 険 料　　　　18	
75,000	

(3)

繰 越 試 算 表
令和 ○ 年 12 月 31 日

借　　方	元丁	勘 定 科 目	貸　　方
		現　　　　　　　金	
		売　　掛　　金	
	省	貸 倒 引 当 金	
		有 価 証 券	
		繰 越 商 品	
		（　　　　　　　）	
		備　　　　　　品	
	略	備品減価償却累計額	
		買　　掛　　金	
		借　　入　　金	
		（　　　　　　　）	
		資　　本　　金	

(4)

損 益 計 算 書

富山商店　　　　令和○年1月1日から令和○年12月31日まで　　　　　　（単位：円）

費　　用	金　　額	収　　益	金　　額
売 上 原 価		売　上　高	
給　　　料		（　　　　　　　）	
広 告 料			
（　　　　　　）			
（　　　　　　）			
支 払 家 賃			
保 険 料			
雑　　　費			
支 払 利 息			
（　　　　　　）			
（　　　　　　）			

5 茨城商店（個人企業 決算年1回 12月31日）の総勘定元帳勘定残高と付記事項および決算整理事項は次のとおりであった。よって，

(1) 有価証券勘定および消耗品費勘定に必要な記入をおこない，締め切りなさい。ただし，勘定記入は，日付・相手科目・金額を示すこと。

(2) 総勘定元帳の損益勘定を完成しなさい。

(3) 貸借対照表を完成しなさい。

元帳勘定残高

現 金	*¥1,093,000*	当 座 預 金	*¥1,665,000*	売 掛 金	*¥2,600,000*
貸 倒 引 当 金	*42,000*	有 価 証 券	*1,845,000*	繰 越 商 品	*1,470,000*
備 品	*1,500,000*	備品減価償却累計額	*270,000*	買 掛 金	*2,720,000*
借 入 金	*800,000*	従 業 員 預 り 金	*75,000*	資 本 金	*5,200,000*
売 上	*12,527,000*	仕 入	*9,180,000*	給 料	*1,697,000*
支 払 家 賃	*350,000*	保 険 料	*48,000*	消 耗 品 費	*105,000*
雑 費	*52,000*	支 払 利 息	*29,000*		

付記事項

① 水戸商店に対する売掛金*¥100,000* が当店の当座預金口座に振り込まれていたが，記帳していなかった。

決算整理事項

a．期末商品棚卸高 *¥800,000*

b．貸 倒 見 積 高 売掛金の期末残高に対し，2％と見積もり，貸倒引当金を設定する。

c．備品減価償却高 定額法による。ただし，残存価額は取得原価の10％ 耐用年数は10年とする。

d．有価証券評価高 有価証券は，売買目的で保有している次の株式であり，時価によって評価する。

北西商事株式会社 200株 時価 1株 *¥9,000*

e．消耗品未使用高 未使用分*¥50,000* を消耗品勘定により繰り延べる。

f．保険料前払高 保険料のうち*¥48,000* は，本年4月1日からの1年分を支払ったものであり，前払高を次期に繰り延べる。

g．家 賃 未 払 高 家賃は1か月*¥70,000* で，12月分は翌月4日に支払う契約のため，見越し計上する。

❖ 個人企業の場合は，当期純利益は資本金勘定に振り替える。

解答欄

(1)

有　価　証　券	5		
1/1 前期繰越 *1,845,000*			

消　耗　品　費	18		
		105,000	

(2)

総　勘　定　元　帳
損　　　益　　　　28

12/31 仕　　　入		12/31 売　　　上	
〃　給　　　料			
〃　貸倒引当金繰入			
〃　減　価　償　却　費			
〃　支　払　家　賃			
〃　保　　険　　料			
〃　消　耗　品　費			
〃　雑　　　　　費			
〃　支　払　利　息			
〃　（　　　　　）			
〃　（　　　　　）			

(3)

貸　借　対　照　表
茨城商店　　　　　　　令和 ○ 年 12 月 31 日

資　　　産	金　　額	負債および純資産	金　　額
現　　　金		買　掛　金	
当　座　預　金		借　入　金	
売　掛　金（　　　）		従業員預り金	
貸倒引当金（　　　）		（　　　　　）	
有　価　証　券		資　本　金	
商　　　品		（　　　　　）	
（　　　　　）			
（　　　　　）			
備　　品（　　　）			
減価償却累計額（　　　）			

6　長野商店（個人企業　決算年1回　12月31日）の総勘定元帳勘定残高と付記事項および決算整理事項は次のとおりであった。よって，貸借対照表を完成しなさい。

(1)繰越商品勘定および広告料勘定に必要な記入をおこない，締め切りなさい。ただし，勘定記入は，日付・相手科目・金額を示すこと。

(2)　損益計算書を完成しなさい。

(3)　貸借対照表を完成しなさい。

元帳勘定残高

現　　　　　金	¥685,000	当 座 預 金	¥1,473,000	売　　掛　　金	¥3,400,000
貸 倒 引 当 金	8,000	有 価 証 券	1,800,000	繰 越 商 品	1,160,000
備　　　　品	2,000,000	備品減価償却累計額	720,000	買　　掛　　金	3,220,000
所 得 税 預 り 金	25,000	資　　本　　金	5,700,000	売　　　　上	9,860,000
受 取 手 数 料	60,000	仕　　　　入	7,110,000	給　　　　料	940,000
広　　告　　料	220,000	支 払 家 賃	480,000	保　　険　　料	60,000
消 耗 品 費	158,000	雑　　　　費	107,000		

付記事項

① 売掛金¥100,000 を現金で回収していたが未処理である。

決算整理事項

a. 期 末 商 品 棚 卸 高　¥1,240,000

b. 貸 倒 見 積 高　売掛金の期末残高に対し，1％と見積もり，貸倒引当金を設定する。

c. 備品減価償却高　定率法による。ただし，償却率は20％とする。

d. 有価証券評価高　有価証券は，売買目的で保有している次の株式であり，時価によって評価する。

　　　　　　　　　北西商事株式会社　100株　時価　1株　¥16,800

e. 消耗品未使用高　未使用分¥70,000 を消耗品勘定により繰り延べる。

f. 保険料前払高　保険料のうち¥60,000 は，本年4月1日からの1年分を支払ったものであり，前払高を次期に繰り延べる。

g. 広 告 料 未 払 高　¥20,000

❖ 貸倒引当金は売掛金残高の1％の金額，有価証券は時価による評価額が貸借対照表に表示される。

解答欄

(1)

繰 越 商 品			
1/1 前期繰越 *1,160,000*			

広 告 料			
220,000			

(2)

損 益 計 算 書

長野商店　　　令和○年1月1日から令和○年12月31日まで　　　（単位：円）

費　　　用	金　　　額	収　　　益	金　　　額
売 上 原 価		売 上 高	*9,860,000*
給　　　料		受 取 手 数 料	*60,000*
広 告 料			
（　　　　　）			
（　　　　　）			
支 払 家 賃	*480,000*		
保 険 料			
（　　　　　）			
雑　　　費	*107,000*		
（　　　　　）			
（　　　　　）			

(3)

貸 借 対 照 表

長野商店　　　令和 ○ 年 12 月 31 日

資　　　産	金　　　額	負債および純資産	金　　　額
現　　　金		買 掛 金	
当 座 預 金		所得税預り金	
売 掛 金（　　　）		（　　　　　）	
貸倒引当金（　　　）		資 本 金	
有 価 証 券		当期純利益	
商　　　品			
消 耗 品			
（　　　　　）			
備　　　品 *2,000,000*			
減価償却累計額（　　　）			

7　沖縄商店（個人企業　決算年1回　12月31日）の総勘定元帳勘定残高と決算整理事項は次のとおりであった。よって，　　　　　　　　　　　　　　　　　　（全商85回一部修正）

(1)　決算整理仕訳を示しなさい。

(2)　貸借対照表を完成しなさい。

(3)　当期の費用総額を求めなさい。

元帳勘定残高

現　　　　　金	¥580,000	当 座 預 金	¥2,640,000	受 取 手 形	¥1,450,000
売　　掛　　金	2,400,000	貸 倒 引 当 金	9,000	有 価 証 券	930,000
繰 越 商 品	830,000	前　払　金	200,000	備　　　品	2,500,000
備品減価償却累計額	900,000	支 払 手 形	840,000	買　　掛　　金	2,910,000
借　　入　　金	600,000	資　本　金	5,000,000	売　　　　上	19,056,000
受 取 手 数 料	3,000	仕　　　入	12,900,000	給　　　料	3,504,000
支 払 家 賃	996,000	保　険　料	235,000	消 耗 品 費	124,000
雑　　　費	20,000	支 払 利 息	9,000		

付記事項

① 石垣商店に対する売掛金¥250,000 が，当店の当座預金口座に振り込まれていたが，記帳していなかった。

決算整理事項

a. 期末商品棚卸高　¥762,000

b. 貸 倒 見 積 高　受取手形と売掛金の期末残高に対し，それぞれ2％と見積もり，貸倒引当金を設定する。

c. 備品減価償却高　定率法による。ただし，償却率は20％とする。

d. 有価証券評価高　有価証券は，売買目的で保有している次の株式であり，時価によって評価する。

　　　　　　　　　北西商事株式会社　300株　時価　1株　¥2,900

e. 消耗品未使用高　未使用分¥6,000 を消耗品勘定により繰り延べる。

f. 保険料前払高　保険料のうち¥144,000 は，本年8月1日からの1年分を支払ったものであり，前払高を次期に繰り延べる。

g. 利 息 未 払 高　¥3,000

解答欄

(1)

	借　　　　　　　方	貸　　　　　　　方
a		
b		
c		
d		
e		
f		
g		

(2)

貸　借　対　照　表

令和 ○ 年 12 月 31 日

沖縄商店

資　　　産	金　　額	負債および純資産	金　　額
現　　　　金	580,000	支 払 手 形	840,000
当 座 預 金		買　掛　金	2,910,000
受 取 手 形 （　　　）		借　入　金	600,000
貸倒引当金（　　　）		（　　　　　）	
売　掛　金 （　　　）		資　本　金	
貸倒引当金（　　　）		（　　　　　）	
有 価 証 券			
商　　　品			
消　耗　品			
前　払　金	200,000		
前払保険料			
備　　　品　2,500,000			
減価償却累計額（　　　）			

(3)

当期の費用総額　∮	

伝票の集計と転記

新潟商店は，取引を入金伝票・出金伝票・振替伝票の３種類の伝票に記入し，これを１日分ずつ集計して仕訳集計表を作成し，仕訳集計表から総勘定元帳に転記している。よって，

(1) 下記の取引を伝票に記入しなさい。

(2) 仕訳集計表を完成しなさい。

　ただし，i　伝票番号は，伝票の種類ごとに，それぞれNo.1，No.2のように作成の順序にしたがって記入している。

　　　　ii　記入済みの伝票も集計すること。

取　　　　引

１月４日　今治商店から次の商品を仕入れ，代金は現金で支払った。

　　　　D品　100個　@¥400　¥40,000

〔出金伝票〕（借）仕入　40,000　　（貸）現金　40,000

解答● うすい文字・数字の部分は，すでに問題の中に記入されていることを示す。

(1)

入　金　伝　票		No.1
令和○年１月４日		
科目	売　掛　金	入金先 西条商店殿
摘　　要		金　　額
回　　収		110,000

入　金　伝　票		No.2
令和○年１月４日		
科目	売　掛　金	入金先 大洲商店殿
摘　　要		金　　額
回　　収		55,000

出　金　伝　票		No.1
令和○年１月４日		
科目	仕　　入	支払先 今治商店殿
摘　　要		金　　額
仕　入　れ		40,000

振替伝票（借方）		振替伝票（貸方）	
仕　　入	40,000	買　掛　金	40,000
売　掛　金	260,000	売　　上	260,000
消耗品費	10,000	当座預金	10,000

(2)
仕　訳　集　計　表
令和○年１月４日

借　　方	元丁	勘　定　科　目	元丁	貸　　方
165,000		現　　　　金		40,000
		当　座　預　金		10,000
260,000	省	売　　掛　　金	省	165,000
		買　　掛　　金		40,000
		売　　　　上		260,000
80,000	略	仕　　　　入	略	
10,000		消　耗　品　費		
515,000				515,000

すべての伝票を加算した金額と一致する。

貸方はつねに「現金」と仕訳されるから，貸方勘定科目「現金」は省略して，相手勘定科目と出金額を記入する。

振替伝票の記入内容は，仕訳で処理した場合と同じになる。

愛媛商店の下記の伝票を集計し，1月15日の仕訳集計表を作成して，総勘定元帳の現金勘定に転記しなさい。ただし，下記の取引について，必要な伝票に記入したうえで集計すること。

取　　　引

1月15日　高知商店へ商品を*₩50,000*で売り渡し，代金は掛けとした。

〃　　香川商店から商品*₩100,000*の注文を受け，内金として*₩30,000*を同店振り出しの小切手で受け取った。

入 金 伝 票	
売　掛　金	82,000
当 座 預 金	150,000
売　　　上	170,000
売　　　上	160,000
売　掛　金	60,000
売　掛　金	130,000
（　　　）	（　　　）

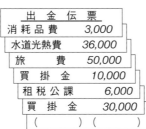

出 金 伝 票	
消 耗 品 費	3,000
水 道 光 熱 費	36,000
旅　　　費	50,000
買　掛　金	10,000
租 税 公 課	6,000
買　掛　金	30,000
（　　　）	（　　　）

振替伝票（借方）		振替伝票（貸方）	
仕　　　入	160,000	買　掛　金	160,000
売　掛　金	30,000	売　　　上	30,000
当 座 預 金	140,000	売　　　上	140,000
買　掛　金	70,000	当 座 預 金	70,000
当 座 預 金	80,000	売　　　上	80,000
仕　　　入	100,000	買　掛　金	100,000
（　　）	（　　）	（　　）	（　　）

解答欄

仕 訳 集 計 表
令和○年1月15日

借　　　　方	元丁	勘　定　科　目	元丁	貸　　　　方
		現　　　　　　金		
		当　座　預　金		
	省	売　　掛　　金	省	
		買　　掛　　金		
		前　　受　　金		
	略	売　　　　　上	略	
		仕　　　　　入		
50,000		旅　　　　　費		
36,000		水　道　光　熱　費		
6,000		租　税　公　課		
		消　耗　品　費		

STEP 2　発展問題　チャレンジしよう　　　　　（解答⇨ *p.21*）

1　香川商店の下記の伝票を集計し，3月15日の仕訳集計表を作成して，総勘定元帳の売掛金勘定に転記しなさい。

　　ただし，ⅰ　下記の取引について，必要な伝票に記入したうえで集計すること。

　　　　　　ⅱ　総勘定元帳の記入は，日付・金額を示せばよい。

　　　　　　ⅲ　一部振替取引については，取引を分解して起票している。

取　　　　　引

　　3月15日　高知商店へ商品を *¥100,000* で売り渡し，代金のうち *¥30,000* は現金で受け取り，残額は掛けとした。

入　金　伝　票	
売　　　　上	90,000
売　掛　金	120,000
受　取　利　息	1,000
売　　　　上	200,000
売　　　　上	70,000
受　取　手　形	40,000
（　　　　）	（　　　　）

出　金　伝　票	
仕　　　　入	135,000
租　税　公　課	21,000
買　掛　金	70,000
消　耗　品　費	3,000
仕　　　　入	210,000
買　掛　金	40,000

振替伝票（借方）		振替伝票（貸方）	
仕　　　　入	300,000	買　掛　金	300,000
買　掛　金	120,000	当　座　預　金	120,000
当　座　預　金	80,000	売　掛　金	80,000
買　掛　金	50,000	当　座　預　金	50,000
売　掛　金	40,000	売　　　　上	40,000
仕　　　　入	70,000	当　座　預　金	70,000
（　　）（　　）		（　　）（　　）	

仕　訳　集　計　表
令和○年3月15日

借　　　方	元丁	勘　定　科　目	元丁	貸　　　方
		現　　　　　　金		
		当　座　預　金		
		受　取　手　形		
	省	売　　掛　　金	省	
		買　　掛　　金		
		売　　　　　　上		
		受　取　利　息		
	略	仕　　　　　　入	略	
		租　税　公　課		
		消　耗　品　費		

売　　掛　　金

540,000		230,000

✤ 仕訳集計表の合計額は，すべての伝票を加算したものと一致する。ただし，振替伝票は片方だけを加算する。

2 高知商店の下記の伝票を集計し，4月20日の仕訳集計表を作成して，総勘定元帳の現金勘定に転記しなさい。

ただし， i 下記の取引について，必要な伝票に記入したうえで集計すること。
ii 総勘定元帳の記入は，日付・金額を示せばよい。
iii 一部振替取引については，いったん掛けで売り上げたものと取引を擬制して起票している。

取　　　引
4月20日　香川商店へ商品を*￥150,000* で売り渡し，代金のうち*￥80,000* は現金で受け取り，残額は掛けとした。

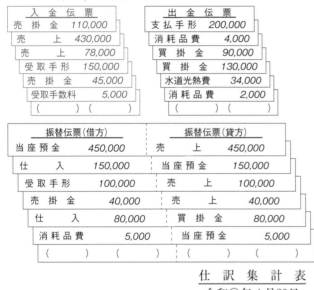

	入　金　伝　票	
売 掛 金	110,000	
売　　上	430,000	
売　　上	78,000	
受 取 手 形	150,000	
売 掛 金	45,000	
受 取 手 数 料	5,000	
(　　　)	(　　　)	

	出　金　伝　票	
支 払 手 形	200,000	
消 耗 品 費	4,000	
買 掛 金	90,000	
買 掛 金	130,000	
水 道 光 熱 費	34,000	
消 耗 品 費	2,000	
(　　　)	(　　　)	

振替伝票(借方)		振替伝票(貸方)	
当 座 預 金	450,000	売　　上	450,000
仕　　入	150,000	当 座 預 金	150,000
受 取 手 形	100,000	売　　上	100,000
売 掛 金	40,000	売　　上	40,000
仕　　入	80,000	買 掛 金	80,000
消 耗 品 費	5,000	当 座 預 金	5,000
(　) (　) (　)		(　) (　) (　)	

仕　訳　集　計　表
令和○年 4 月20日

借　　　方	元丁	勘　定　科　目	元丁	貸　　　方
		現　　　　　金		
		当 座 預 金		
		受 取 手 形		
	省	売 　掛　 金	省	
		支 払 手 形		
		買 　掛　 金		
		売　　　　　上		
		受 取 手 数 料		
	略	仕　　　　　入	略	
		水 道 光 熱 費		
		消 耗 品 費		

	現	金	
370,000			110,000

3 岡山商店の下記の伝票を集計し，5月25日の仕訳集計表を作成して，総勘定元帳の当座預金勘定に転記しなさい。

　　ただし，ⅰ　下記の取引について，必要な伝票に記入したうえで集計すること。

　　　　　　ⅱ　総勘定元帳の記入は，日付・金額を示せばよい。

取　　　　引

　　5月25日　高知商店へ商品を¥150,000で売り渡し，代金は掛けとした。

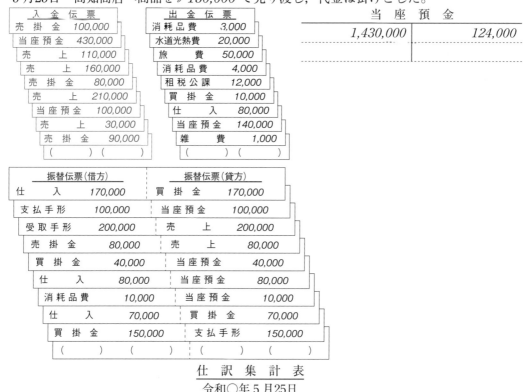

入　金　伝　票	
売　掛　金	100,000
当　座　預　金	430,000
売　　　上	110,000
売　　　上	160,000
売　掛　金	80,000
売　　　上	210,000
当　座　預　金	100,000
売　　　上	30,000
売　掛　金	90,000
（　　　）	（　　　）

出　金　伝　票	
消　耗　品　費	3,000
水　道　光　熱　費	20,000
旅　　　費	50,000
消　耗　品　費	4,000
租　税　公　課	12,000
買　掛　金	10,000
仕　　　入	80,000
当　座　預　金	140,000
雑　　　費	1,000
（　　　）	（　　　）

当　座　預　金	
1,430,000	124,000

振替伝票（借方）		振替伝票（貸方）	
仕　　　入	170,000	買　掛　金	170,000
支　払　手　形	100,000	当　座　預　金	100,000
受　取　手　形	200,000	売　　　上	200,000
売　掛　金	80,000	売　　　上	80,000
買　掛　金	40,000	当　座　預　金	40,000
仕　　　入	80,000	当　座　預　金	80,000
消　耗　品　費	10,000	当　座　預　金	10,000
仕　　　入	70,000	買　掛　金	70,000
買　掛　金	150,000	支　払　手　形	150,000
（　）（　）		（　）（　）	

仕　訳　集　計　表

令和○年5月25日

借　　方	元丁	勘　定　科　目	元丁	貸　　方
		現　　　　　金		
		当　座　預　金		
		受　取　手　形		
	省	売　　掛　　金	省	
		支　払　手　形		
		買　　掛　　金		
		売　　　　　上		
	略	仕　　　　　入	略	
		旅　　　　　費		
		租　税　公　課		
		消　耗　品　費		
		水　道　光　熱　費		
		雑　　　　　費		

4 兵庫商店の下記の伝票を集計し，6月1日の仕訳集計表を作成して，総勘定元帳の買掛金勘定に転記しなさい。

ただし，i 下記の取引について，必要な伝票に記入したうえで集計すること。

ii 総勘定元帳の記入は，日付・金額を示せばよい。

取　　　引

6月1日　大阪商店から商品¥200,000 を仕入れ，代金は掛けとした。

〃日　広島商店に商品を¥300,000 で引き渡し，代金は同店振り出しの小切手で受け取った。

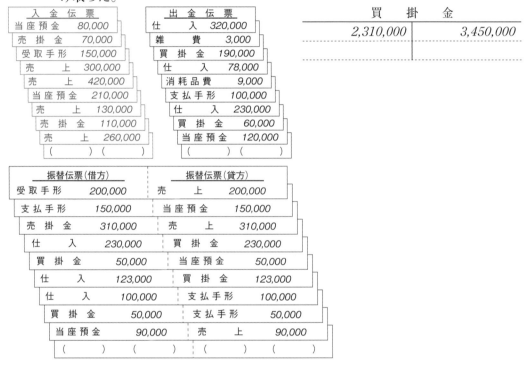

入　金　伝　票	
当 座 預 金	80,000
売 掛 金	70,000
受 取 手 形	150,000
売　　　上	300,000
売　　　上	420,000
当 座 預 金	210,000
売　　　上	130,000
売 掛 金	110,000
売　　　上	260,000
（　　　）	（　　　）

出　金　伝　票	
仕　　　入	320,000
雑　　　費	3,000
買 掛 金	190,000
仕　　　入	78,000
消 耗 品 費	9,000
支 払 手 形	100,000
仕　　　入	230,000
買 掛 金	60,000
当 座 預 金	120,000
（　　　）	（　　　）

買　　掛　　金	
2,310,000	3,450,000

振替伝票(借方)		振替伝票(貸方)	
受 取 手 形	200,000	売　　　上	200,000
支 払 手 形	150,000	当 座 預 金	150,000
売 掛 金	310,000	売　　　上	310,000
仕　　　入	230,000	買 掛 金	230,000
買 掛 金	50,000	当 座 預 金	50,000
仕　　　入	123,000	買 掛 金	123,000
仕　　　入	100,000	支 払 手 形	100,000
買 掛 金	50,000	支 払 手 形	50,000
当 座 預 金	90,000	売　　　上	90,000
（　　）	（　　）	（　　）	（　　）

仕　訳　集　計　表

令和○年6月1日

借　　　方	元丁	勘　定　科　目	元丁	貸　　　方
		現　　　　　金		
		当 座 預 金		
		受 取 手 形		
	省	売 　掛　 金	省	
		支 払 手 形		
		買 　掛　 金		
		売　　　　　上		
	略	仕　　　　　入	略	
		消 耗 品 費		
		雑　　　　　費		

5 三重商店の下記の伝票を集計し，10月21日の仕訳集計表を作成して，総勘定元帳の当座預金勘定に転記しなさい。

ただし，ⅰ　下記の取引について，必要な伝票に記入したうえで集計すること。

　　　　ⅱ　総勘定元帳の記入は，日付・金額を示せばよい。

取　　　　　引

10月21日　奈良商店から事務用パーソナルコンピュータ¥300,000 を購入し，代金は現金で支払った。

　〃日　和歌山商店から商品¥155,000 を仕入れ，代金は掛けとした。

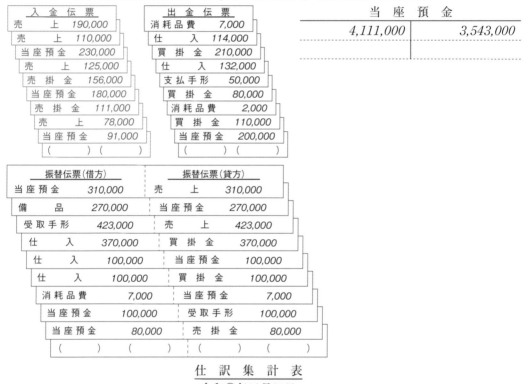

入　金　伝　票	
売　　　上	190,000
売　　　上	110,000
当 座 預 金	230,000
売　　　上	125,000
売　掛　金	156,000
当 座 預 金	180,000
売　掛　金	111,000
売　　　上	78,000
当 座 預 金	91,000
（　　　）	（　　　）

出　金　伝　票	
消耗品費	7,000
仕　　入	114,000
買　掛　金	210,000
仕　　入	132,000
支 払 手 形	50,000
買　掛　金	80,000
消耗品費	2,000
買　掛　金	110,000
当 座 預 金	200,000
（　　　）	（　　　）

当　座　預　金	
4,111,000	3,543,000

振替伝票（借方）		振替伝票（貸方）	
当 座 預 金	310,000	売　　　上	310,000
備　　品	270,000	当 座 預 金	270,000
受 取 手 形	423,000	売　　　上	423,000
仕　　入	370,000	買　掛　金	370,000
仕　　入	100,000	当 座 預 金	100,000
仕　　入	100,000	買　掛　金	100,000
消耗品費	7,000	当 座 預 金	7,000
当 座 預 金	100,000	受 取 手 形	100,000
当 座 預 金	80,000	売　掛　金	80,000
（　　）	（　　）	（　　）	（　　）

仕　訳　集　計　表
令和〇年10月21日

借　　　方	元丁	勘　定　科　目	元丁	貸　　　方
		現　　　　　金		
		当　座　預　金		
		受　取　手　形		
	省	売　　掛　　金	省	
		（　　　　　　　）		
		支　払　手　形		
		買　　掛　　金		
		売　　　　　上		
	略	仕　　　　　入	略	
		消　耗　品　費		

6 岐阜商店の下記の伝票を集計し，12月20日の仕訳集計表を作成して，総勘定元帳の受取手形勘定に転記しなさい。

ただし，ⅰ 下記の取引について，必要な伝票に記入したうえで集計すること。

　　　　ⅱ 総勘定元帳の記入は，日付・金額を示せばよい。

　　　　ⅲ 一部振替取引については，いったん掛けで仕入れたものと取引を擬制して起票している。

　取　　　引
　12月20日　愛知商店から商品 ¥470,000 を仕入れ，代金のうち ¥120,000 は現金で支払い，残額は掛けとした。

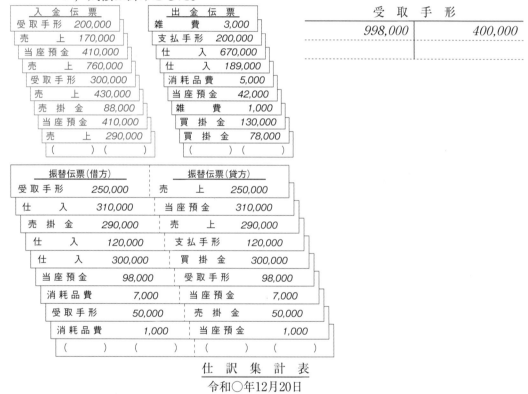

入　金　伝　票	
受取手形	200,000
売　上	170,000
当座預金	410,000
売　　　上	760,000
受取手形	300,000
売　　　上	430,000
売　掛　金	88,000
当座預金	410,000
売　　　上	290,000
(　　　)	(　　　)

出　金　伝　票	
雑　　費	3,000
支払手形	200,000
仕　入	670,000
仕　入	189,000
消耗品費	5,000
当座預金	42,000
雑　　費	1,000
買　掛　金	130,000
買　掛　金	78,000
(　　　)	(　　　)

受　取　手　形	
998,000	400,000

振替伝票（借方）		振替伝票（貸方）	
受取手形	250,000	売　　　上	250,000
仕　入	310,000	当座預金	310,000
売　掛　金	290,000	売　　　上	290,000
仕　　　入	120,000	支払手形	120,000
仕　　　入	300,000	買　掛　金	300,000
当座預金	98,000	受取手形	98,000
消耗品費	7,000	当座預金	7,000
受取手形	50,000	売　掛　金	50,000
消耗品費	1,000	当座預金	1,000
(　　　)	(　　　)	(　　　)	(　　　)

仕　訳　集　計　表
令和○年12月20日

借　　　方	元丁	勘　定　科　目	元丁	貸　　　方
		現　　　　　金		
		当　座　預　金		
		受　取　手　形		
	省	売　　掛　　金	省	
		支　払　手　形		
		買　　掛　　金		
		売　　　　　上		
		仕　　　　　入		
	略	消　耗　品　費	略	
		雑　　　　　費		

7　滋賀商店の下記の伝票を集計し，2月15日の仕訳集計表を作成して，総勘定元帳の売上勘定に転記しなさい。

ただし，ⅰ　下記の取引について，必要な伝票に記入したうえで集計すること。
　　　　ⅱ　総勘定元帳の記入は，日付・金額を示せばよい。
　　　　ⅲ　一部振替取引については，取引を分解して起票している。

取　　　　　引
　2月15日　京都商店に商品を*¥340,000* で引き渡し，代金のうち*¥50,000* は現金で受け
　　　　　　取り，残額は掛けとした。

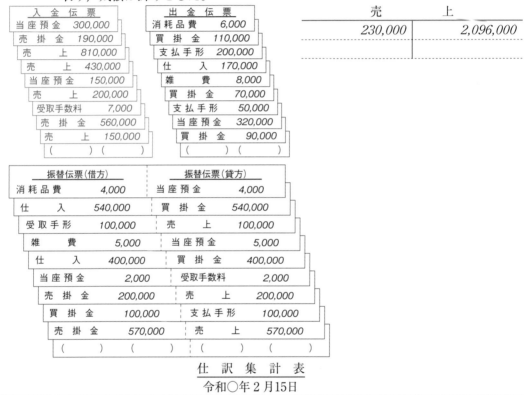

入　金　伝　票	
当 座 預 金	300,000
売　掛　金	190,000
売　　　　上	810,000
売　　　　上	430,000
当 座 預 金	150,000
売　　　　上	200,000
受 取 手 数 料	7,000
売　掛　金	560,000
売　　　　上	150,000
（　　　）	（　　　）

出　金　伝　票	
消 耗 品 費	6,000
買　掛　金	110,000
支 払 手 形	200,000
仕　　　　入	170,000
雑　　　　費	8,000
買　掛　金	70,000
支 払 手 形	50,000
当 座 預 金	320,000
買　掛　金	90,000

売　　　　上	
230,000	2,096,000

振替伝票（借方）		振替伝票（貸方）	
消 耗 品 費	4,000	当 座 預 金	4,000
仕　　　　入	540,000	買　掛　金	540,000
受 取 手 形	100,000	売　　　　上	100,000
雑　　　　費	5,000	当 座 預 金	5,000
仕　　　　入	400,000	買　掛　金	400,000
当 座 預 金	2,000	受 取 手 数 料	2,000
売　掛　金	200,000	売　　　　上	200,000
買　掛　金	100,000	支 払 手 形	100,000
売　掛　金	570,000	売　　　　上	570,000
（　　）	（　　）	（　　）	（　　）

仕　訳　集　計　表
令和○年2月15日

借　　　方	元丁	勘　定　科　目	元丁	貸　　　方
		現　　　　　　金		
		当　座　預　金		
		受　取　手　形		
	省	売　　掛　　金	省	
		支　払　手　形		
		買　　掛　　金		
		売　　　　　　上		
		受 取 手 数 料		
		仕　　　　　　入		
	略	消　耗　品　費	略	
		雑　　　　　　費		

8 福井商店の下記の伝票を集計し，4月30日の仕訳集計表を作成して，総勘定元帳の仕入勘定に転記しなさい。

ただし，ⅰ　下記の取引について，必要な伝票に記入したうえで集計すること。
　　　　ⅱ　総勘定元帳の記入は，日付・金額を示せばよい。
　　　　ⅲ　一部振替取引については，いったん掛け仕入として振替伝票に取引の全体を記入し，現金の支出をともなう部分については出金伝票で処理する方法によっている。

取　　　　引
4月30日　石川商店から商品 ¥330,000 を仕入れ，代金のうち ¥100,000 は現金で支払い，残額は掛けとした。

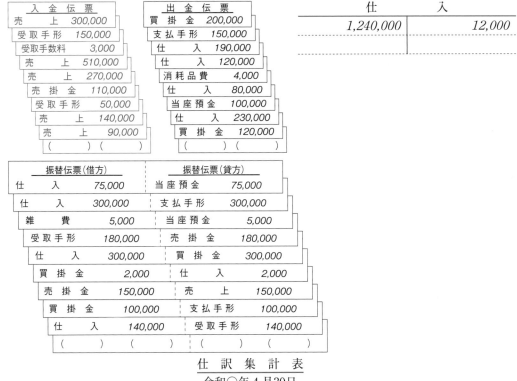

入　金　伝　票	
売　　　上	300,000
受 取 手 形	150,000
受取手数料	3,000
売　　　上	510,000
売　　　上	270,000
売　掛　金	110,000
受 取 手 形	50,000
売　　　上	140,000
売　　　上	90,000
（　　　　）	（　　　）

出　金　伝　票	
買　掛　金	200,000
支 払 手 形	150,000
仕　　　入	190,000
仕　　　入	120,000
消 耗 品 費	4,000
仕　　　入	80,000
当 座 預 金	100,000
仕　　　入	230,000
買　掛　金	120,000
（　　　）	（　　　）

仕	入	
1,240,000		12,000

振替伝票（借方）		振替伝票（貸方）	
仕　　　入	75,000	当 座 預 金	75,000
仕　　　入	300,000	支 払 手 形	300,000
雑　　　費	5,000	当 座 預 金	5,000
受 取 手 形	180,000	売　掛　金	180,000
仕　　　入	300,000	買　掛　金	300,000
買　掛　金	2,000	仕　　　入	2,000
売　掛　金	150,000	売　　　上	150,000
買　掛　金	100,000	支 払 手 形	100,000
仕　　　入	140,000	受 取 手 形	140,000
（　　　）	（　　　）	（　　　）	（　　　）

仕　訳　集　計　表
令和○年4月30日

借	方	元丁	勘　定　科　目	元丁	貸	方
			現　　　　　金			
			当 座 預 金			
			受 取 手 形			
		省	売　　掛　　金	省		
			支 払 手 形			
			買　　掛　　金			
			売　　　　　上			
			受 取 手 数 料			
			仕　　　　　入			
		略	消 耗 品 費	略		
			雑　　　　　費			

26 固定資産の売却の記帳

BASIS | **基本例題** 完全にマスターしよう

次の取引の仕訳を示しなさい。

(1) いままで使用していた備品（取得原価✔1,200,000　減価償却累計額✔840,000）を✔500,000 で売却し，代金は月末に受け取ることにした。
　　　　　　　　　　　　　　　　　　　　備品の減少（原価で）　　未収金

(2) 品川商店に取得原価✔780,000 の小型トラックを✔100,000 で売却し，代金は同
　　　　　　　　　　　　　車両運搬具　　　　　　　　　　　　　　車両運搬具の減少（原価で）
店振り出しの小切手で受け取った。ただし，この小型トラックに対する減価償却累
現金
計額が✔500,000 ある。

(3) 取得原価✔200,000 の金庫を✔130,000 で売却し，代金のうち✔30,000 は現金
　　　　　　　　　　　　　備品　　　　　　　　備品の減少（原価で）
で受け取り，残額は月末に受け取ることにした。なお，この金庫に対する減価償却
　　　　　　未収金✔100,000
累計額が✔100,000 ある。

STEP 1 | **基本問題** 実力をアップしよう　　　　　　　　　　（解答⇨*p.24*）

次の取引の仕訳を示しなさい。

(1) いままで使用していた備品（取得原価✔800,000　減価償却累計額✔320,000）を✔600,000 で売却し，代金は現金で受け取った。
　　（借）　　　　　　　　　　　　　　　（貸）

(2) 松本商店に取得原価✔200,000 の金庫を✔50,000 で売却し，代金は20日後に受け取ることにした。ただし，この金庫に対する減価償却累計額が✔180,000 ある。
　　（借）　　　　　　　　　　　　　　　（貸）

(3) 取得原価✔2,000,000 の建物を✔1,200,000 で売却し，代金のうち✔800,000 は先方振り出しの小切手で受け取り，残額は後日受け取ることにした。なお，この建物に対する減価償却累計額が✔600,000 ある。
　　（借）　　　　　　　　　　　　　　　（貸）

覚えよう

❖　固定資産を売却したときは，帳簿から固定資産の額（取得原価）と，その固定
資産に対する減価償却累計額とを同時に除外する。このためには，それぞれの勘
定について，貸借反対の側に記入すればよい。
　　（借）　減価償却累計額　××　　　（貸）　固定資産の勘定　××

(1)	（借）	備品減価償却累計額	840,000	（貸）	備　　　品	1,200,000
		未　収　金	500,000		固定資産売却益	140,000
(2)	（借）	車両運搬具減価償却累計額	500,000	（貸）	車両運搬具	780,000
		現　　　金	100,000			
		固定資産売却損	180,000			
(3)	（借）	備品減価償却累計額	100,000	（貸）	備　　　品	200,000
		現　　　金	30,000		固定資産売却益	30,000
		未　収　金	100,000			

STEP 2 | **発展問題** チャレンジしよう （解答⇨*p.24*）

次の取引の仕訳を示しなさい。

(1) 鳥取商会は，取得原価 *¥1,200,000* の商品陳列用ケースを *¥400,000* で売却し，代金は月末に受け取ることにした。なお，この商品陳列用ケースに対する減価償却累計額は *¥720,000* であり，これまでの減価償却高は間接法で記帳している。 （全商88回）

（借） （貸）

(2) 和歌山商会は，取得原価 *¥500,000* の商品陳列用ケースを *¥80,000* で売却し，代金は月末に受け取ることにした。なお，この商品陳列用ケースに対する減価償却累計額は *¥400,000* であり，これまでの減価償却高は間接法で記帳している。 （全商90回）

（借） （貸）

(3) 山形商店は，期首に取得原価 *¥620,000* の備品を *¥205,000* で売却し，代金は小切手で受け取り，ただちに当座預金に預け入れた。なお，この備品の売却時における帳簿価額は *¥155,000* であり，これまでの減価償却高は間接法で記帳している。 （全商91回）

（借） （貸）

(4) 千葉商店は，取得原価 *¥900,000* の備品を *¥230,000* で売却し，代金は月末に受け取ることにした。なお，この備品に対する減価償却累計額は *¥600,000* であり，これまでの減価償却高は間接法で記帳している。 （全商86回）

（借） （貸）

27 営業外受取手形と営業外支払手形

BASIS | **基本例題** 完全にマスターしよう

次の取引の仕訳を示しなさい。

(1) 大阪商店は，取得原価 ¥1,200,000 の備品を ¥300,000 で東北商店に売却し，代
    <u>備品</u>
    金は同店振り出し，<u>当店あての約束手形 ¥300,000</u> で受け取った。なお，この備品
    <u>営業外受取手形</u>
    の売却時における帳簿価額は ¥400,000 であり，これまでの減価償却高は間接法で
    記帳している。

(2) 兵庫商店は，<u>事務用パーソナルコンピュータ ¥200,000</u> を購入し，代金は<u>約束手</u>
    <u>備品</u>
    <u>形を振り出して支払った。</u>
    <u>営業外支払手形</u>

(3) 兵庫商店は，<u>事務用パーソナルコンピュータを購入するために振り出した約束手</u>
    <u>営業外支払手形</u>
    <u>形 ¥200,000</u> の支払期日をむかえ，<u>小切手を振り出して支払った。</u>
    <u>当座預金</u>

STEP 1 | **基本問題** 実力をアップしよう　　　　　　　　　　　（解答⇨*p.24*）

次の取引の仕訳を示しなさい。

(1) 奈良商店は，取得原価 ¥2,000,000 の備品を ¥700,000 で南東商店に売却し，代金は
    同店振り出し，当店あての約束手形 ¥700,000 で受け取った。なお，この備品の売却時
    における帳簿価額は ¥600,000 であり，これまでの減価償却高は間接法で記帳している。
    （借）　　　　　　　　　　　　　　（貸）

(2) 奈良商店は，備品売却時に代金として受け取った南東商店振り出し，当店あての約束手
    形 ¥700,000 が支払期日をむかえたので，当店の当座預金口座に入金されたとの通知を
    取引銀行から受けた。
    （借）　　　　　　　　　　　　　　（貸）

(3) 和歌山商店は，商品陳列用ケースを ¥300,000 で購入し，代金は約束手形 ¥300,000 を
    振り出して支払った。
    （借）　　　　　　　　　　　　　　（貸）

(4) 和歌山商店は，商品陳列用ケースを購入するために振り出した約束手形 ¥300,000 が
    支払期日となり，当店の当座預金口座から支払ったとの通知を取引銀行から受けた。
    （借）　　　　　　　　　　　　　　（貸）

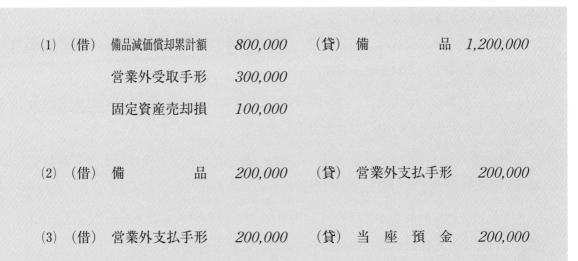

		(借)			(貸)			
(1)	(借)	備品減価償却累計額	800,000	(貸)	備		品	1,200,000
		営業外受取手形	300,000					
		固定資産売却損	100,000					
(2)	(借)	備 品	200,000	(貸)	営業外支払手形			200,000
(3)	(借)	営業外支払手形	200,000	(貸)	当 座 預 金			200,000

STEP 2 ▶ **発展問題** チャレンジしよう （解答⇨ **p.25**）

次の取引の仕訳を示しなさい。

(1) 取得原価 ¥2,000,000 の備品を栃木商店に ¥680,000 で売却し，代金は同店振り出し，当店あての約束手形 ¥680,000 で受け取った。なお，この備品に対する減価償却累計額は ¥1,250,000 であり，これまでの減価償却高は間接法で記帳している。

（全商82回一部修正）

（借） （貸）

(2) 千葉商店は，取得原価 ¥900,000 の備品を ¥230,000 で東西商店に売却し，代金は東西商店振り出し，当店あての約束手形で受け取った。なお，この備品に対する減価償却累計額は ¥600,000 であり，これまでの減価償却高は間接法で記帳している。

（全商86回一部修正）

（借） （貸）

(3) 神奈川商店は，事務用のパーソナルコンピュータを ¥270,000 で購入し，代金は約束手形 ¥270,000 を振り出して支払った。

（借） （貸）

(4) 神奈川商店は，事務用のパーソナルコンピュータを購入するために振り出した約束手形 ¥270,000 が支払期日となり，当店の当座預金口座から支払ったとの通知を取引銀行から受けた。

（借） （貸）

28　訂　正　仕　訳

次の取引の仕訳を示しなさい。

(1) さきに，商品￥200,000 を掛けで売り渡したときに，現金で売り渡したように処理してあったので，これを訂正した。

〔誤った仕訳〕（借）現　　　　金 200,000　　（貸）売　　　　上 200,000

(2) さきに，売掛金の回収として受け入れた現金￥40,000 は，<u>注文品に対する内金</u>
前受金
であることがわかったので，これを訂正した。

〔誤った仕訳〕（借）現　　　　金 40,000　　（貸）売　掛　金 40,000

(3) 山口商店に掛けで売り渡した商品の一部￥18,000 の返品を受けたとき，商品を掛けで仕入れたように記帳してあったので，これを訂正した。

〔誤った仕訳〕（借）仕　　　　入 18,000　　（貸）買　掛　金 18,000

(4) さきに現金の実際有高が帳簿残高より￥10,000 過剰であることがわかったとき，誤って次のような仕訳をしていたので，本日，これを訂正した。

（借）現金過不足　10,000　　　　（貸）現　　　　金　10,000

次の取引の仕訳を示しなさい。

(1) さきに，商品￥300,000 を現金で売り渡したときに，掛けで売り渡したように処理してあったので，これを訂正した。

（借）　　　　　　　　　　　　　（貸）

(2) さきに，売掛金の回収として記帳してあった現金￥40,000 は，注文品の内金であることがわかったので，これを訂正した。

（借）　　　　　　　　　　　　　（貸）

(3) 萩商店から掛けで仕入れた商品の一部￥25,000 を返品したとき，商品を掛けで売り渡したように記帳してあったので，これを訂正した。

（借）　　　　　　　　　　　　　（貸）

(4) 備品￥150,000 を，代金を月末に支払う約束で購入したさい，誤って次の仕訳をしていたので，本日，これを訂正した。

（借）仕　　　　入 150,000　　（貸）買　掛　金 150,000

（借）　　　　　　　　　　　　　（貸）

覚えよう

✛　訂正仕訳は，誤っていた勘定科目について逆の側に仕訳して消滅させ，正しい勘定科目に振り替える。

❖ 商品を現金で仕入れたのに掛けで仕入れたように処理した場合の訂正

(借)買掛金×× (貸)仕入×× ── 誤りを消滅させる仕訳 ┐借方・貸方の同じ勘定科目を相殺して
(借)仕　入×× (貸)現金×× ── 正しい仕訳　　　　┘(借)買掛金×× (貸)現金××

---

(1)	(借)	売　掛　金	200,000		(貸)	現　　　金	200,000	
(2)	(借)	売　掛　金	40,000		(貸)	前　受　金	40,000	
(3)	(借)	買　掛　金	18,000		(貸)	仕　　　入	18,000	
		売　　　上	18,000			売　掛　金	18,000	
(4)	(借)	現　　　金	20,000		(貸)	現 金 過 不 足	20,000	

STEP 2 　**発展問題** チャレンジしよう　　　　　　　(解答⇨**p.25**)

次の取引の仕訳を示しなさい。

(1) 得意先北陸商店から商品の注文を受け，内金𝒴200,000 を受け取っていたが，得意先中部商店に対する売掛金の回収額として処理していたので，これを修正する。(全商83回)

(借)　　　　　　　　　　　(貸)

(2) 得意先宇都宮商店に商品を売り渡し，当店負担の発送費𝒴16,000 を現金で支払ったさい，誤って次のように仕訳をしていたので修正する。

(借) 雑　　　費 16,000 (貸) 現　　　金 16,000 (全商86回)

(借)　　　　　　　　　　　(貸)

(3) 当期首に購入した備品𝒴300,000 を，消耗品費勘定で処理していたので，これを修正する。　　　　　　　　　　　　　　　　　　　　　　　　　　(全商73回)

(借)　　　　　　　　　　　(貸)

(4) さきに，現金𝒴2,000 が不足していることを発見したとき，誤って次のような仕訳をしていたので，本日，これを訂正した。

(借) 現　　　金 2,000 (貸) 現 金 過 不 足 2,000

　　　　　　　　　　　　　　　　　　　　　　　　　　　　　　　(全商29回)

(借)　　　　　　　　　　　(貸)

(5) さきに，得意先日南商店から送金小切手𝒴430,000 を受け取ったさい，全額を売掛金の回収としていたが，このうち𝒴130,000 は商品の注文に対する内金であることがわかったので，本日，これを訂正した。　　　　　　　　　　　　　(全商36回)

(借)　　　　　　　　　　　(貸)

29 受取商品券の処理

BASIS **基本例題** 完全にマスターしよう

次の取引の仕訳を示しなさい。

(1) 商品を¥10,000で売り渡し，代金として北東市が発行した商品券¥10,000を受
　　　　　　　　　　　　　　　　　　　　　　　　　　　　　受取商品券
け取った。

(2) 商品を¥10,000で売り渡し，代金として青森百貨店が発行した商品券¥10,000
　　　　　　　　　　　　　　　　　　　　　　　受取商品券
を受け取った。

(3) 商品を¥50,000で売り渡し，代金として西南市が発行した商品券¥30,000と現
　　　　　　　　　　　　　　　　　　　　　　　　受取商品券
金¥20,000を受け取った。

(4) かねて売上代金として受け取っていた北東市発行の商品券¥10,000を引き渡し
　　　　　　　　　　　　　　　　　　　　　　受取商品券
て換金請求し，同額が当社の普通預金口座に振り込まれた。

STEP 1 **基本問題** 実力をアップしよう　　　　　　　　　（解答⇨p.25）

次の取引の仕訳を示しなさい。ただし，商品に関する勘定は3分法によること。

(1) 商品を¥30,000で売り渡し，代金として自治体が発行した商品券¥30,000を受け取っ
　　た。
　　（借）　　　　　　　　　　　　　　（貸）

(2) 商品を¥70,000で売り渡し，代金のうち¥35,000は自治体が発行した商品券で受け取
　　り，残額は現金で受け取った。
　　（借）　　　　　　　　　　　　　　（貸）

(3) 商品を¥20,000で売り渡し，代金のうち¥10,000は宮城百貨店が発行した商品券で受
　　け取り，残額は現金で受け取った。
　　（借）　　　　　　　　　　　　　　（貸）

(4) かねて売上代金として受け取っていた自治体が発行した商品券¥35,000を引き渡して
　　換金請求し，同額が当社の普通預金口座に振り込まれた。
　　（借）　　　　　　　　　　　　　　（貸）

❖ 受取商品券は，商品券を発行した自治体や百貨店などに対する代金請求権を意味するので，資産の勘定になる。

(1)	(借)	受取商品券	10,000	(貸)	売	上	10,000
(2)	(借)	受取商品券	10,000	(貸)	売	上	10,000
(3)	(借)	受取商品券	30,000	(貸)	売	上	50,000
		現 金	20,000				
(4)	(借)	普通預金	10,000	(貸)	受取商品券		10,000

STEP 2 ▶ 発展問題 チャレンジしよう

（解答⇨*p.25*）

次の取引の仕訳を示しなさい。

(1) 商品を*＄29,000*で売り渡し，代金は南北百貨店が発行した商品券*＄30,000*で受け取り，お釣りを現金で支払った。

（借）　　　　　　　　　　　　　（貸）

(2) 石川商店は商品を*＄90,000*で売り渡し，代金のうち*＄60,000*は東西百貨店が発行した商品券で受け取り，残額は現金で受け取った。

（借）　　　　　　　　　　　　　（貸）

(3) 山梨商店は商品を*＄130,000*で売り渡し，代金のうち*＄100,000*は自治体が発行した商品券で受け取り，残額は現金で受け取った。

（借）　　　　　　　　　　　　　（貸）

(4) 石川商店は東西百貨店が発行した商品券*＄60,000*について，東西百貨店に対して決済の請求をおこない，同額が当社の普通預金口座に振り込まれた。

（借）　　　　　　　　　　　　　（貸）

本支店間の仕訳

> **BASIS** 基本例題 完全にマスターしよう

次の取引について，本店と支店の仕訳を示しなさい。ただし，商品に関する勘定は3分法によること。

(1) 支店は，本店に現金¥80,000を送り，本店はこれを受け取った。
支店：現金の減少　　　　　　本店：現金の増加

(2) 本店は，支店に商品¥20,000（原価）を送り，支店はこれを受け取った。
本店：仕入の減少　　　　　　支店：仕入の増加

(3) 本店は，支店の買掛金¥40,000を約束手形を振り出して立替払いし，支店はこの通知を受けた。
支店：買掛金の減少　　　本店：支払手形の増加

(4) 支店は，本店振り出しの約束手形¥100,000を小切手を振り出して支払い，本店はこの通知を受けた。
本店：支払手形の減少　　　　支店：当座預金の減少

(5) 支店は，決算の結果，当期純利益¥340,000を計上し，本店はこの通知を受けた。
支店：損益勘定から本店勘定に振り替え　　本店：支店勘定と損益勘定に記入

> **STEP 1** 基本問題 実力をアップしよう　　　　　　　（解答⇨*p.26*）

次の取引について，本店と支店の仕訳を示しなさい。ただし，商品に関する勘定は3分法によること。

(1) 支店は，本店に現金¥100,000を送り，本店はこれを受け取った。
　本店（借）　　　　　　　　　　　（貸）
　支店（借）　　　　　　　　　　　（貸）

(2) 本店は，支店に商品¥120,000（原価）を送り，支店はこれを受け取った。
　本店（借）　　　　　　　　　　　（貸）
　支店（借）　　　　　　　　　　　（貸）

(3) 本店は，支店の買掛金¥80,000を約束手形を振り出して立替払いし，支店はこの通知を受けた。
　本店（借）　　　　　　　　　　　（貸）
　支店（借）　　　　　　　　　　　（貸）

(4) 支店は，本店振り出しの約束手形¥200,000を小切手を振り出して支払い，本店はこの通知を受けた。
　本店（借）　　　　　　　　　　　（貸）
　支店（借）　　　　　　　　　　　（貸）

(5) 支店は，決算の結果，当期純利益¥250,000を計上し，本店はこの通知を受けた。
　本店（借）　　　　　　　　　　　（貸）
　支店（借）　　　　　　　　　　　（貸）

(1)	本店	（借）	現	金	80,000	（貸）	支	店	80,000	
	支店	（借）	本	店	80,000	（貸）	現	金	80,000	
(2)	本店	（借）	支	店	20,000	（貸）	仕	入	20,000	
	支店	（借）	仕	入	20,000	（貸）	本	店	20,000	
(3)	本店	（借）	支	店	40,000	（貸）	支 払 手 形	40,000	
	支店	（借）	買 掛 金	40,000	（貸）	本	店	40,000	
(4)	本店	（借）	支 払 手 形	100,000	（貸）	支	店	100,000	
	支店	（借）	本	店	100,000	（貸）	当 座 預 金	100,000	
(5)	本店	（借）	支	店	340,000	（貸）	損	益	340,000	
	支店	（借）	損	益	340,000	（貸）	本	店	340,000	

STEP 2 　発展問題　チャレンジしよう　　　　　　　　　　（解答⇨*p.26*）

次の取引の仕訳を示しなさい。

(1) 関西商会の本店は，支店の得意先に対する売掛金*280,000*を現金で回収し，支店にこの通知をした。（本店の仕訳）　　　　　　　　　　　　　　　　　　（全商84回）

　　（借）　　　　　　　　　　　　　　（貸）

(2) 茨城商店の本店は，通信費*18,000*を現金で支払った。ただし，このうち*6,000*は支店の負担分である。（本店の仕訳）　　　　　　　　　　　　　　　（全商86回）

　　（借）　　　　　　　　　　　　　　（貸）

(3) 秋田商会の本店は，広告料*300,000*を現金で支払った。ただし，このうち*120,000*は支店の負担分である。（本店の仕訳）　　　　　　　　　　　　　　（全商91回）

　　（借）　　　　　　　　　　　　　　（貸）

(4) 埼玉商会の本店は，支店に送付した商品のうちに品違いがあったので，原価*21,000*の商品の返送を受けた。（本店の仕訳）　　　　　　　　　　　　　　（全商82回）

　　（借）　　　　　　　　　　　　　　（貸）

(5) 富山商店の本店は，決算の結果，支店が当期純利益*240,000*を計上したとの通知を受けた。（本店の仕訳）　　　　　　　　　　　　　　　　　　　　（全商90回）

　　（借）　　　　　　　　　　　　　　（貸）

(6) 西北商会の本店は，決算の結果，支店が当期純損失*290,000*を計上したとの通知を受けた。（本店の仕訳）　　　　　　　　　　　　　　　　　　　　（全商88回）

　　（借）　　　　　　　　　　　　　　（貸）

31 支店相互間の仕訳（本店集中計算制度）

BASIS | **基本例題** 完全にマスターしよう

次の取引のそれぞれの店の仕訳を示しなさい。ただし，商品に関する勘定は３分法により，本店集中計算制度を採用している。

(1) 町田支店は，立川支店に現金 ¥100,000 を送り，立川支店はこれを受け取った。

町田支店の現金減少　　　　　　　　　　　立川支店の現金増加

(2) 高尾支店は，豊田支店に商品 ¥200,000（原価）を送り，豊田支店はこれを受け取った。

高尾支店の仕入が減少　　　　　　　　　　　　豊田支店の仕入増加

(3) 中野支店は，新宿支店振り出しの約束手形 ¥150,000 を小切手を振り出して支払った。本店はこの通知を受けた。

新宿支店の支払手形減少　　　　　　　　　　　中野支店の当座預金減少

(4) 神田支店は，広島支店出張員の旅費 ¥40,000 を現金で立替払いした。広島支店はこの通知を受けた。

広島支店の旅費発生　　　　　　　　　　　神田支店の現金減少

STEP 1 | **基本問題** 実力をアップしよう （解答⇨**p.26**）

次の取引の仕訳を示しなさい。ただし，商品に関する勘定は３分法により，本店集中計算制度を採用している。

(1) 山口支店は，下松支店に現金 ¥200,000 を送り，下松支店はこれを受け取った。（下松支店の仕訳）

　（借）　　　　　　　　　　　　　（貸）

(2) 旭川支店は，帯広支店に原価 ¥100,000 の商品を送り，帯広支店はこれを受け取った。（旭川支店の仕訳）

　（借）　　　　　　　　　　　　　（貸）

(3) 八戸支店は，弘前支店振り出しの約束手形 ¥350,000 を小切手を振り出して支払った。本店はこの通知を受けた。（本店の仕訳）

　（借）　　　　　　　　　　　　　（貸）

(4) 仙台支店は，古川支店出張員の旅費 ¥80,000 を現金で立替払いした。（仙台支店の仕訳）

　（借）　　　　　　　　　　　　　（貸）

覚えよう

❖ **仕訳のパターン** A支店はB支店の買掛金 ¥100 を現金で支払った。

・A支店は現金を支払ったので ｜ ・B支店は買掛金を支払ってもらったので

　（借）本 店 100　（貸）現 金 100 ｜　（借）買掛金 100　（貸）本 店 100

・本店の仕訳　　（借）B支店 100　（貸）A支店 100

〔支店相互間の取引〕

❖ 各支店は，本店を相手として取引したように記帳する。── 相手勘定は，いつも本店勘定となる。

❖ 本店は，各支店と取引したように記帳する。── 借方・貸方とも各支店勘定を用いる。

(1)	町田支店	（借）	本		店	100,000	（貸）	現		金	100,000
	立川支店	（借）	現		金	100,000	（貸）	本		店	100,000
	本　店	（借）	立	川	支店	100,000	（貸）	町	田	支店	100,000
(2)	高尾支店	（借）	本		店	200,000	（貸）	仕		入	200,000
	豊田支店	（借）	仕		入	200,000	（貸）	本		店	200,000
	本　店	（借）	豊	田	支店	200,000	（貸）	高	尾	支店	200,000
(3)	中野支店	（借）	本		店	150,000	（貸）	当 座 預 金			150,000
	新宿支店	（借）	支 払 手 形			150,000	（貸）	本		店	150,000
	本　店	（借）	新	宿	支店	150,000	（貸）	中	野	支店	150,000
(4)	神田支店	（借）	本		店	40,000	（貸）	現		金	40,000
	広島支店	（借）	旅		費	40,000	（貸）	本		店	40,000
	本　店	（借）	広	島	支店	40,000	（貸）	神	田	支店	40,000

STEP 2　発展問題　チャレンジしよう　　　　　　　　　（解答⇨p.26）

次の取引の仕訳を示しなさい。

(1) 宮城商会の本店は，白石支店が仙台支店に現金 ¥180,000 を送付したとの通知を受けた。ただし，本店集中計算制度を採用している。（本店の仕訳）　　　　　（全商85回）

（借）　　　　　　　　　　　　　（貸）

(2) 富山商店の本店は，高岡支店から，黒部支店の得意先福井商店に対する売掛金 ¥760,000 を，同店振り出しの小切手で回収したとの通知を受けた。ただし，本店集中計算制度を採用している。（本店の仕訳）　　　　　　　　　　　（全商83回）

（借）　　　　　　　　　　　　　（貸）

(3) 千葉商店の船橋支店は，松戸商店の仕入先に対する買掛金 ¥180,000 を現金で支払った。ただし，本店集中計算制度を採用している。（船橋商店の仕訳）　　　（全商92回）

（借）　　　　　　　　　　　　　（貸）

(4) 岐阜商会の本店は，高山支店が大垣支店の仕入先に対する買掛金 ¥530,000 を現金で支払ったとの通知を受けた。ただし，本店集中計算制度を採用している。（本店の仕訳）

　　　　　　　　　　　　　　　　　　　　　　　　　　　　　　　　（全商89回）

（借）　　　　　　　　　　　　　（貸）

(5) 富山商店の魚津支店は，永見支店が発送した商品 ¥180,000（原価）を受け取った。ただし，本店集中計算制度を採用している。（魚津支店の仕訳）　　　　　　（全商87回）

（借）　　　　　　　　　　　　　（貸）

本支店の合併（貸借対照表）

基本例題 完全にマスターしよう

山口商店の本店・支店の貸借対照表および未達事項は，次のとおりであった。よって，

(1) 未達事項整理直後の支店勘定残高と本店勘定残高の一致額を求めなさい。

(2) 公表する本支店合併の貸借対照表を完成しなさい。

本店　貸借対照表
令和 ○ 年 12 月 31 日

資　　産	金　　額	負債および純資産	金　　額
現　　　金	1,000,000	買　掛　金	2,000,000
当　座　預　金	2,000,000	資　本　金	6,000,000
売　　掛　　金	1,200,000	当期純利益	700,000
商　　　　品	800,000		
建　　　　物	2,000,000		
備　　　　品	500,000		
支　　　　店	1,200,000		
	8,700,000		8,700,000

支店　貸借対照表
令和 ○ 年 12 月 31 日

資　　産	金　　額	負債および純資産	金　　額
現　　　金	80,000	買　掛　金	980,000
当　座　預　金	600,000	本　　　店	900,000
売　　掛　　金	700,000		
商　　　　品	300,000		
備　　　　品	160,000		
当期純損失	40,000		
	1,880,000		1,880,000

未 達 事 項

① 本店から支店に発送した商品 ¥110,000（原価）が，支店に未達。
（支店）（借）仕　入 110,000　（貸）本　　店 110,000

② 支店から本店に送付した現金 ¥140,000 が，本店に未達。
（本店）（借）現　金 140,000　（貸）支　　店 140,000

③ 本店で支払った支店の買掛金 ¥20,000 の通知が，支店に未達。
（支店）（借）買掛金 20,000　（貸）本　　店 20,000

④ 支店で立て替えて支払った本店出張員の旅費 ¥30,000 の通知が，本店に未達。
（本店）（借）旅　費 30,000　（貸）支　　店 30,000

解 答

(1)

支店勘定残高と本店勘定残高の一致額	¥ 1,030,000

次ページ上欄を見よ↗

(2)
¥1,000,000＋¥80,000＋¥140,000
本店残　　　支店残　　　未達の現金

貸 借 対 照 表

¥2,000,000＋¥980,000－¥20,000
本店残　　　支店残　　　未達事項の
　　　　　　　　　　　　　買掛金

山口商店　　　令和 ○ 年 12 月 31 日

資　　　　産	金　　額	負債および純資産	金　　額
現　　　　　金	1,220,000	買　　掛　　金	2,960,000
当　座　預　金	2,600,000	資　　本　　金	6,000,000
売　　　掛　　　金	1,900,000	当　期　純　利　益	630,000
商　　　　　品	1,210,000		
建　　　　　物	2,000,000		
備　　　　　品	660,000		
	9,590,000		9,590,000

¥800,000＋¥300,000＋¥110,000
本店残　　　支店残　　　未達の商品

¥700,000－¥40,000－¥30,000
本店当期　　支店当期　　未達事項の
純利益　　　純損失　　　旅費

● うすい文字・数字の部分は，すでに問題の中に記入されていることを示す。

	支 店				本 店	
1,200,000	②	140,000			残 高	900,000
	④	30,000			①	110,000
	残 高				③	20,000

前ページの未達事項の仕訳を支店勘定と本店勘定に転記したところを示す。

残高¥1,030,000で一致する。

STEP 1 　基本問題　実力をアップしよう　　　　（解答⇨*p.26*）

福岡商店の本店・支店の貸借対照表と資料は次のとおりである。よって，

(1) 支店勘定残高と本店勘定残高の一致額を計算しなさい。

(2) 本支店合併の貸借対照表を完成しなさい。

本店　貸借対照表
令和 ○ 年 12 月 31 日

資　産	金　額	負債および純資産	金　額
現　　金	200,000	買 掛 金	1,800,000
当 座 預 金	1,500,000	資 本 金	6,000,000
売 掛 金	2,000,000	当期純利益	200,000
商　　品	1,000,000		
建　　物	1,400,000		
備　　品	400,000		
支　　店	1,500,000		
	8,000,000		8,000,000

支店　貸借対照表
令和 ○ 年 12 月 31 日

資　産	金　額	負債および純資産	金　額
現　　金	70,000	買 掛 金	900,000
当 座 預 金	800,000	本　　店	1,300,000
売 掛 金	700,000		
商　　品	400,000		
備　　品	130,000		
当期純損失	100,000		
	2,200,000		2,200,000

資　料

① 本店から支店に発送した商品¥70,000（原価）が，支店に未達であった。

② 支店から本店に送付した現金¥80,000 が本店で未処理であった。

③ 本店で支払った支店の買掛金¥30,000 について，支店で未処理であった。

④ 支店で立て替えて支払った本店の従業員の旅費¥20,000 の通知が本店に未達であった。

解答欄

(1)

支店勘定残高と本店勘定残高の一致額	¥

(2)
福岡商店　　　　　貸 借 対 照 表　　令和 ○ 年 12 月 31 日

資　　産	金　額	負債および純資産	金　額
現　　　金		買 掛 金	
当 座 預 金		資 本 金	
売 掛 金		(　　　　　)	
商　　品			
建　　物			
(　　　　　)			

❖ 公表する貸借対照表では，未達の現金は現金に，未達の商品は商品に含めて記載する。

STEP 2 | **発展問題** チャレンジしよう | （解答⇨*p.26*）

1 岩手商店の本店・支店の貸借対照表と資料は次のとおりである。よって，本支店合併の貸借対照表を完成しなさい。

本店 貸 借 対 照 表
令和 ○ 年 12 月 31 日

資　産	金　額	負債および純資産	金　額
現　　金	320,000	支払手形	530,000
当座預金	1,250,000	買　掛　金	1,820,000
受取手形	640,000	資　本　金	6,000,000
売　掛　金	1,560,000	当期純利益	685,000
商　　品	970,000		
建　　物	2,300,000		
備　　品	500,000		
支　　店	1,495,000		
	9,035,000		9,035,000

支店 貸 借 対 照 表
令和 ○ 年 12 月 31 日

資　産	金　額	負債および純資産	金　額
現　　金	140,000	支払手形	670,000
当座預金	280,000	買　掛　金	940,000
受取手形	450,000	本　　店	985,000
売　掛　金	800,000		
商　　品	460,000		
備　　品	300,000		
当期純損失	165,000		
	2,595,000		2,595,000

資　　　料

① 本店から支店に発送した商品∜150,000（原価）が，まだ支店に到着しておらず，支店側で未記帳であった。

② 支店から本店に送付した現金∜190,000が本店側で未記帳であった。

③ 本店で支払った支店の買掛金∜120,000が，支店で未処理であった。

④ 本店で立て替えて支払った支店の広告料∜50,000が，支店で未処理であった。

解答欄

貸 借 対 照 表
岩手商店　　　　　　　　令和 ○ 年 12 月 31 日

資　　産	金　額	負債および純資産	金　額
現　　　金		支 払 手 形	1,200,000
当 座 預 金	1,530,000	買　掛　金	
受 取 手 形	1,090,000	資　本　金	
売　掛　金		（　　　　）	
（　　　　）			
建　　物	2,300,000		
備　　品			

❖ 未達事項の広告料などの費用の勘定に属するものや，受取手数料などの収益の勘定に属するものは貸借対照表には記載されないが，当期純利益の額に減算または加算される。

2 富山商店（個人企業　決算年1回　12月31日）の本店・支店の貸借対照表と資料は次のとおりである。よって，本支店合併の貸借対照表を完成しなさい。

本店　貸借対照表
令和 ○ 年 12 月 31 日

資　　産	金　額	負債および純資産	金　額
現　　　金	360,000	支 払 手 形	670,000
当 座 預 金	1,150,000	買 掛 金	1,820,000
受 取 手 形	700,000	資 本 金	6,000,000
売 掛 金	1,680,000	当期純利益	520,000
商　　　品	950,000		
建　　　物	2,000,000		
備　　　品	700,000		
支　　　店	1,470,000		
	9,010,000		9,010,000

支店　貸借対照表
令和 ○ 年 12 月 31 日

資　　産	金　額	負債および純資産	金　額
現　　　金	150,000	支 払 手 形	680,000
当 座 預 金	350,000	買 掛 金	940,000
受 取 手 形	640,000	本　　　店	1,360,000
売 掛 金	860,000		
商　　　品	540,000		
備　　　品	300,000		
当期純損失	140,000		
	2,980,000		2,980,000

資　　　料
①　12月28日に本店から支店に発送した商品𝒴130,000（原価）が，まだ支店に到着しておらず，支店側で未記帳であった。
②　12月29日に支店から本店に送付した現金𝒴200,000が，まだ本店に到着しておらず，本店側で未記帳であった。
③　12月30日に本店で回収した支店の売掛金𝒴150,000が，支店で未処理であった。
④　12月30日に支店で受け取った本店の受取手数料𝒴70,000が，本店で未記帳だった。

解答欄

貸 借 対 照 表
富山商店　　　令和 ○ 年 12 月 31 日

資　　産	金　額	負債および純資産	金　額
現　　　金		支 払 手 形	1,350,000
当 座 預 金	1,500,000	買 掛 金	2,760,000
受 取 手 形	1,340,000	資 本 金	
売 掛 金		（　　　　）	
（　　　　）			
建　　　物	2,000,000		
備　　　品	1,000,000		

❖ 決算の結果計上した支店の当期純損益は，支店では損益勘定から本店勘定へ振り替える。

3 東部商店（個人企業）の本店・支店の貸借対照表と未達事項および本支店合併の貸借対照表によって，次の金額を計算しなさい。 （全商83回一部修正）

a．支店勘定残高と本店勘定残高の一致額　b．本支店合併の商品（アの金額）

c．本支店合併後の当期純利益（イの金額）

本店　貸借対照表
令和 ○ 年 12 月 31 日

資　産	金　額	負債および純資産	金　額
現　　　金	330,000	支払手形	960,000
当座預金	2,020,000	買　掛　金	734,000
売　掛　金	1,590,000	資　本　金	（　　）
商　　　品	（　　）	当期純利益	812,000
備　　　品	1,470,000		
支　　　店	736,000		
	（　　）		（　　）

支店　貸借対照表
令和 ○ 年 12 月 31 日

資　産	金　額	負債および純資産	金　額
現　　　金	254,000	支払手形	940,000
当座預金	（　　）	買　掛　金	（　　）
売　掛　金	421,000	本　　　店	485,000
商　　　品	369,000		
備　　　品	246,000		
当期純損失	（　　）		
	（　　）		（　　）

未達事項

① 本店から支店に発送した商品 ¥92,000（原価）が支店に未達である。

② 支店で本店の買掛金 ¥165,000 を支払ったが，この通知が本店に未達である。

③ 本店で支店の受取分の手数料 ¥42,000 を受け取ったが，この通知が支店に未達である。

④ 支店で本店の広告料 ¥36,000 を立て替え払いしたが，この通知が本店に未達である。

〔本支店合併後の貸借対照表〕

貸借対照表
令和 ○ 年 12 月 31 日

資　産	金　額	負債および純資産	金　額
現　　　金	（　　）	支払手形	（　　）
当座預金	2,680,000	買　掛　金	1,282,000
売　掛　金	2,011,000	資　本　金	4,560,000
商　　　品	（ ア ）	当期純利益	（ イ ）
備　　　品	1,716,000		
	（　　）		（　　）

解答欄

a	¥		b	¥	
c	¥				

❖ 未達事項の仕訳では，支店に未達の場合は本店勘定，本店に未達の場合は支店勘定が相手科目になる。

4 支店会計が独立している難波商店（個人企業　決算年1回　12月31日）に関する下記の資料によって，次の金額を計算しなさい。　　　　　　　　　　　　　　　　　（全商87回）

　　a．支店勘定残高と本店勘定残高の一致額　　b．本支店合併の買掛金

<u>資　　　料</u>
　i　12月30日における元帳勘定残高（一部）

	本　店	支　店
買　掛　金	¥621,000	¥517,000
支　　　店	903,000（借方）	——
本　　　店	——	816,000（貸方）

　ii　12月31日における本支店間の取引
　①　本店は，支店の広告料¥24,000を現金で立て替え払いした。
　　　支店は，その報告を受けた。
　②　本店は，支店の買掛金¥59,000を現金で支払った。
　　　支店は，その報告を受けた。
　③　支店は，本店が12月29日に支店へ送付していた商品¥87,000を受け取った。

　iii　12月31日における本支店間以外の取引
　①　支店は，支店の仕入先，吹田商店から商品¥195,000を仕入れ，代金は1月31日に支払うことした。

a	¥	b	¥

33 本支店の合併（損益計算書）

BASIS **基本例題** 完全にマスターしよう

支店会計が独立している群馬商店（個人企業　決算年1回　12月31日）の本店・支店の損益計算書と未達事項は，次のとおりである。よって，本支店合併の損益計算書を作成しなさい。

<table>
<tr><td colspan="4" align="center">本店　損益計算書
令和○年1月1日から
令和○年12月31日まで　（単位：円）</td></tr>
<tr><td>費　　用</td><td>金　　額</td><td>収　　益</td><td>金　　額</td></tr>
<tr><td>売 上 原 価</td><td>3,100,000</td><td>売 上 高</td><td>4,000,000</td></tr>
<tr><td>給　　料</td><td>400,000</td><td></td><td></td></tr>
<tr><td>貸倒引当金繰入</td><td>20,000</td><td></td><td></td></tr>
<tr><td>減価償却費</td><td>40,000</td><td></td><td></td></tr>
<tr><td>支 払 家 賃</td><td>70,000</td><td></td><td></td></tr>
<tr><td>広 告 料</td><td>100,000</td><td></td><td></td></tr>
<tr><td>当期純利益</td><td>270,000</td><td></td><td></td></tr>
<tr><td></td><td>4,000,000</td><td></td><td>4,000,000</td></tr>
</table>

<table>
<tr><td colspan="4" align="center">支店　損益計算書
令和○年1月1日から
令和○年12月31日まで　（単位：円）</td></tr>
<tr><td>費　　用</td><td>金　　額</td><td>収　　益</td><td>金　　額</td></tr>
<tr><td>売 上 原 価</td><td>1,700,000</td><td>売 上 高</td><td>2,000,000</td></tr>
<tr><td>給　　料</td><td>160,000</td><td></td><td></td></tr>
<tr><td>貸倒引当金繰入</td><td>20,000</td><td></td><td></td></tr>
<tr><td>減価償却費</td><td>30,000</td><td></td><td></td></tr>
<tr><td>広 告 料</td><td>40,000</td><td></td><td></td></tr>
<tr><td>当期純利益</td><td>50,000</td><td></td><td></td></tr>
<tr><td></td><td>2,000,000</td><td></td><td>2,000,000</td></tr>
</table>

未 達 事 項

① 本店から支店に送付していた商品￥30,000（原価）が，支店に未達である。
　　（借）仕　　入　30,000　（貸）本　　店　30,000

② 本店は，支援の広告料￥16,000 を小切手を振り出して立て替え払いしたが，支店では未処理だった。
　　（借）広 告 料　16,000　（貸）本　　店　16,000

解　答

損 益 計 算 書

群馬商店　　　　　令和○年1月1日から令和○年12月31日まで　　　　　（単位：円）

<table>
<tr><td>費　　用</td><td>金　　額</td><td>収　　益</td><td>金　　額</td></tr>
<tr><td>売 上 原 価</td><td>4,800,000</td><td>売 上 高</td><td>6,000,000</td></tr>
<tr><td>給　　料</td><td>560,000</td><td></td><td></td></tr>
<tr><td>貸 倒 引 当 金 繰 入</td><td>40,000</td><td></td><td></td></tr>
<tr><td>減 価 償 却 費</td><td>70,000</td><td></td><td></td></tr>
<tr><td>支 払 家 賃</td><td>70,000</td><td></td><td></td></tr>
<tr><td>広 告 料</td><td>156,000</td><td></td><td></td></tr>
<tr><td>当 期 純 利 益</td><td>304,000</td><td></td><td></td></tr>
<tr><td></td><td>6,000,000</td><td></td><td>6,000,000</td></tr>
</table>

￥270,000＋￥50,000－￥16,000
本店当期　　支店当期　　未達事項
純利益　　　純利益　　　の広告料

￥4,000,000＋￥2,000,000
本店の売上　支店の売上高

￥100,000＋￥40,000＋￥16,000
本店残　　　支店残　　　未達事項
　　　　　　　　　　　　の広告料

￥3,100,000＋￥1,700,000＋￥30,000－￥30,000
本店残　　　支店残　　　未達　　　未達

❖ 当期純利益の計算は，本店の当期純利益に支店の純損益を加減し，未達の費用を差し引き，収益を加える。

STEP 1 | **基本問題** 実力をアップしよう （解答⇨*p.27*）

山口商店（個人企業　決算年1回　12月31日）の本店・支店の損益計算書と未達事項は次のとおりである。よって，本支店合併の損益計算書を完成しなさい。

本店　損益計算書
令和○年1月1日から
令和○年12月31日まで　（単位：円）

費　用	金　額	収　益	金　額
売 上 原 価	7,200,000	売 上 高	8,000,000
給　　料	500,000		
貸倒引当金繰入	20,000		
減 価 償 却 費	40,000		
広 告 料	100,000		
支 払 利 息	40,000		
当 期 純 利 益	100,000		
	8,000,000		8,000,000

支店　損益計算書
令和○年1月1日から
令和○年12月31日まで　（単位：円）

費　用	金　額	収　益	金　額
売 上 原 価	1,400,000	売 上 高	1,600,000
給　　料	160,000	当 期 純 損 失	25,000
貸倒引当金繰入	10,000		
減 価 償 却 費	20,000		
広 告 料	35,000		
	1,625,000		1,625,000

未 達 事 項

① 本店から支店に発送した商品∦50,000（原価）がまだ支店に到着しておらず，支店側では未処理である。

② 本店は，支店の広告料∦3,000を小切手を振り出して立て替え払いしたが，支店では未処理だった。

③ 本店で支店受取分の手数料∦40,000を受け取ったが，この通知が支店に未達である。

解答欄

損 益 計 算 書

山口商店　　　　　令和○年1月1日から令和○年12月31日まで　　　　（単位：円）

費　　用	金　額	収　益	金　額
売 上 原 価		売 上 高	
給　　料		受 取 手 数 料	
（　　　　）			
（　　　　）			
広 告 料			
支 払 利 息			
（　　　　）			

33　本支店の合併（損益計算書）　**99**

❖ 公表する損益計算書では，未達の商品は仕入高と期末商品棚卸高に含まれ，売上原価とはならない。

STEP 2 　　**発展問題** チャレンジしよう　　　　　　　　　　（解答⇨*p.28*）

1 　京都商店（個人企業）における本店・支店の損益計算書と未達事項によって，次の金額を
計算しなさい。ただし，未達事項整理前の本店における支店勘定の残高は¥764,000（借方），
支店における本店勘定の残高は¥498,000（貸方）である。また，支店の売上総利益は
¥480,000であった。　　　　　　　　　　　　　　　　　　　　　（全商80回一部修正）

　a．支店勘定残高と本店勘定残高の一致額
　b．本支店合併後の当期純利益

本 店 損 益 計 算 書
令和○年1月1日から
令和○年12月31日まで （単位：円）

費　　用	金　　額	収　　益	金　　額
売 上 原 価	4,680,000	売 上 高	6,240,000
給　　　料	1,080,000	受取手数料	31,000
旅　　　費	116,000		
減価償却費	75,000		
雑　　　費	14,000		
当期純利益	306,000		
	6,271,000		6,271,000

支 店 損 益 計 算 書
令和○年1月1日から
令和○年12月31日まで （単位：円）

費　　用	金　　額	収　　益	金　　額
売 上 原 価	（　　　）	売 上 高	2,400,000
給　　　料	516,000	受取手数料	27,000
旅　　　費	87,000	当期純損失	（　　　）
減価償却費	60,000		
雑　　　費	12,000		
（　　　）	（　　　）		（　　　）

未 達 事 項

① 　本店から支店に発送した商品¥94,000（原価）が，支店に未達である。
② 　支店で本店の買掛金¥163,000を支払ったが，この通知が本店に未達である。
③ 　支店で本店の旅費¥17,000を立て替え払いしたが，この通知が本店に未達である。
④ 　本店で支店受取分の手数料¥8,000を受け取ったが，この通知が支店に未達である。

解答欄

a	¥		b	¥

2 山形商店（個人企業）の本店・支店の損益計算書と未達事項および本支店合併の損益計算書によって，次の金額を計算しなさい。ただし，未達事項整理前の本店における支店勘定の残高は¥971,000（借方），支店における本店勘定の残高は¥675,000（貸方）である。

（全商82回一部修正）

a．支店勘定残高と本店勘定残高の一致額　　b．本店損益計算書の受取手数料（アの金額）

c．本支店合併後の当期純利益（イの金額）

本店 損益計算書
令和○年1月1日から
令和○年12月31日まで　（単位：円）

費用	金額	収益	金額
売上原価	3,026,000	売上高	（　　　）
給料	684,000	受取手数料	（　ア　）
旅費	148,000		
減価償却費	120,000		
雑費	12,000		
当期純利益	490,000		
	4,480,000		4,480,000

支店 損益計算書
令和○年1月1日から
令和○年12月31日まで　（単位：円）

資産	金額	負債・純資産	金額
売上原価	1,700,000	売上高	2,500,000
給料	342,000	受取手数料	18,000
旅費	114,000		
減価償却費	80,000		
雑費	8,000		
当期純利益	274,000		
	2,518,000		2,518,000

未達事項

① 本店から支店に発送した商品¥217,000（原価）が支店に未達である。

② 支店で本店の買掛金¥95,000を支払ったが，この通知が本店に未達である。

③ 支店で本店の旅費¥35,000を立て替え払いしたが，この通知が本店に未達である。

④ 本店で支店の受取分の手数料¥51,000を受け取ったが，この通知が支店に未達である。

〔本支店合併後の損益計算書〕

損益計算書
山形商店　　令和○年1月1日から令和○年12月31日まで

費用	金額	収益	金額
売上原価	（　　　）	売上高	（　　　）
給料	1,026,000	受取手数料	99,000
旅費	（　　　）		
減価償却費	200,000		
雑費	20,000		
当期純利益	（　イ　）		
	（　　　）		（　　　）

解答欄

a	¥	b	¥
c	¥		

STEP 2 　**発展問題**　チャレンジしよう　　　　　　　　（解答⇨*p.28*）

3　徳島商店（個人企業）の本店・支店の損益計算書と本支店合併の損益計算書および資料によって，次の金額を計算しなさい。　　　　　　　　　　（全商86回一部修正）

　　a．本店損益計算書の広告料（アの金額）　b．資本金勘定の次期繰越高

本店　損益計算書
令和○年1月1日から令和○年12月31日まで

費　用	金　額	収　益	金　額
売 上 原 価	（　　　）	売 上 高	6,025,000
給　　料	（　　　）	受取手数料	150,000
広 告 料	（　ア　）		
減価償却費	220,000		
雑　　費	53,000		
当期純利益	760,000		
	6,175,000		6,175,000

支店　損益計算書
令和○年1月1日から令和○年12月31日まで

資　産	金　額	負債・純資産	金　額
売 上 原 価	2,033,000	売 上 高	（　　　）
給　　料	624,000	受取手数料	（　　　）
広 告 料	120,000		
減価償却費	160,000		
雑　　費	（　　　）		
当期純利益	346,000		
	（　　　）		（　　　）

未達事項

ⅰ　本店から支店に発送した商品 ¥70,000（原価）が支店に到着しておらず，支店側では未処理である。

ⅱ　本店における決算整理前の元帳勘定残高（一部）

　　資 本 金　¥7,780,000

　　引 出 金　　281,000

〔本支店合併後の損益計算書〕
損益計算書
徳島商店　　令和○年1月1日から令和○年12月31日まで

費　用	金　額	収　益	金　額
売 上 原 価	5,648,000	売 上 高	（　　　）
給　　料	1,920,000	受取手数料	256,000
広 告 料	（　　　）		
減価償却費	（　　　）		
雑　　費	76,000		
当期純利益	（　　　）		
	（　　　）		（　　　）

解答欄

a	¥	b	¥

4 東北商店（個人企業）の本店・支店の損益計算書と未達事項および本支店合併の損益計算書によって，次の金額を計算しなさい。ただし，未達事項整理前の本店における支店勘定の残高は¥685,000（借方），支店における本店勘定の残高は¥431,000（貸方）である。

（全商78回一部修正）

a．支店勘定残高と本店勘定残高の一致額　b．本店損益計算書の旅費（アの金額）

c．本支店合併後の当期純利益（イの金額）

本 店 損 益 計 算 書
令和○年1月1日から令和○年12月31日まで

費　用	金　額	収　益	金　額
売 上 原 価	6,675,000	売 上 高	8,900,000
給　　料	1,380,000	受取手数料	15,000
旅　　費	（　ア　）		
減価償却費	140,000		
雑　　費	37,000		
当期純利益	（　　　）		
	8,915,000		8,915,000

支 店 損 益 計 算 書
令和○年1月1日から令和○年12月31日まで

資　産	金　額	負債・純資産	金　額
売 上 原 価	2,730,000	売 上 高	3,640,000
給　　料	758,000	受取手数料	9,000
旅　　費	187,000	当期純損失	181,000
減価償却費	120,000		
雑　　費	35,000		
	3,830,000		3,830,000

未 達 事 項

① 本店から支店に発送した商品¥92,000（原価）が支店に未達である。

② 支店で本店の買掛金¥156,000を支払ったが，この通知が本店に未達である。

③ 本店で支店の旅費¥13,000を立て替え払いしたが，この通知が支店に未達である。

④ 支店で本店の受取分の手数料¥7,000を受け取ったが，この通知が本店に未達である。

〔本支店合併後の損益計算書〕

損 益 計 算 書
東北商店　　令和○年1月1日から令和○年12月31日まで

費　用	金　額	収　益	金　額
売 上 原 価	（　　　）	売 上 高	（　　　）
給　　料	2,138,000	受取手数料	（　　　）
旅　　費	491,000		
減価償却費	260,000		
雑　　費	72,000		
当期純利益	（　イ　）		
	（　　　）		（　　　）

解答欄

a	¥		b	¥
c	¥			

34 本支店合併の計算問題

基本例題 完全にマスターしよう

　草加商店における本店および支店の下記の資料によって，次の金額を計算しなさい。
(1)　本店勘定・支店勘定残高の一致額　　　(2)　本支店合併の売掛金
(3)　本支店合併の売上総利益
資　　　　料
ⅰ　元帳勘定残高（一部）

	本　　　店	支　　　店
繰　越　商　品	₩ 1,000,000	₩　400,000
売　　掛　　金	1,300,000	1,100,000
支　　　　　店	600,000（借方）	————
本　　　　　店	————	500,000（貸方）
売　　　　　上	9,000,000	5,000,000
仕　　　　　入	7,000,000	4,000,000

ⅱ　決算整理事項（一部）
　　　期末商品棚卸高　本店 ₩1,100,000
　　　　　　　　　　　支店 ₩　500,000（未達の商品は含まれていない。）
ⅲ　未　達　事　項
　①　本店から支店に発送した商品 ₩150,000（原価）が，支店に未達である。
　②　支店で回収した本店の売掛金 ₩50,000 の通知が本店に未達である。

基本問題 実力をアップしよう　　　　　　　　　　（解答⇨*p.28*）

　支店会計が独立している香川商店（個人企業　決算年1回　12月31日）の下記の資料によって，次の金額を計算しなさい。
　　　　　a．本店勘定残高と支店勘定残高の一致額　　b．本支店合併後の広告料
資　　　　料
ⅰ　12月30日における元帳勘定残高（一部）

	本　　　店	支　　　店
現　　　　　金	₩850,000	₩540,000
広　　告　　料	200,000	130,000
支　　　　　店	760,000（借方）	———
本　　　　　店	———	540,000（貸方）

ⅱ　12月31日における本支店の取引
　①　本店は，広告料 ₩30,000（うち支店負担分 ₩10,000）を現金で支払った。支店は，その報告を受けた。
　②　支店は，本店の売掛金 ₩320,000 を現金で受け取った。本店は，その報告を受けた。
　③　支店は，本店が12月28日に送付していた送金小切手 ₩20,000 と商品 ₩200,000 を受け取った。

解答欄

a	₩	b	₩

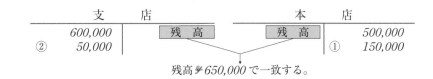

	支　店				本　店	
	600,000	残　高		残　高		500,000
②	50,000				①	150,000

残高 ¥650,000 で一致する。

---

(1) ¥650,000

　　未達事項の仕訳　　① （借）仕　　入　150,000　　（貸）本　　店　150,000
　　　　　　　　　　　② （借）支　　店　 50,000　　（貸）売 掛 金　 50,000
　＊未達事項の仕訳を本店勘定と支店勘定に転記して，一致額を算出する。上欄を見よ。↑

(2) ¥2,350,000

　＊本店と支店の売掛金を加算し，未達事項の売掛金を減算する。
　¥1,300,000（本店の売掛金）＋¥1,100,000（支店の売掛金）－¥50,000（未達事項の売掛金）

(3) ¥3,200,000

　＊計算式：売上原価＝期首商品棚卸高＋当期仕入高－期末商品棚卸高
　　売上総利益＝当期売上高－売上原価

　¥1,000,000＋¥7,000,000－¥1,100,000＝¥6,900,000
　本店の期首商品棚卸高　本店の当期仕入高　本店の期末商品棚卸高　本店の売上原価

　¥9,000,000－¥6,900,000＝¥2,100,000
　本店の当期売上高　本店の売上原価　本店の売上総利益

　¥400,000＋（¥4,000,000＋¥150,000）－（¥500,000＋¥150,000）＝¥3,900,000
　支店の期首商品棚卸高　支店の当期仕入高　未達の商品　　支店の期末商品棚卸高　未達の商品　　支店の売上原価

　＊未達の商品は，仕入と期末商品棚卸高に算入するので，計算に入れなくても結果は同じである。
　¥5,000,000－¥3,900,000＝¥1,100,000
　支店の当期売上高　支店の売上原価　支店の売上総利益

　＊本店・支店まとめて計算してもよい。

STEP 2　　**発展問題** チャレンジしよう　　　　　　　　　（解答⇨*p.28*）

1　支店会計が独立している青森商店（個人企業　決算年1回　12月31日）の下記の資料によって，次の金額を計算しなさい。　　　　　　　　　　　　　　　　　　　　　　（全商91回）

　　　　a．本店勘定残高と支店勘定残高の一致額　　　b．当期の売上原価

資　　料

i　12月30日における元帳勘定残高(一部)

	本　店	支　店
繰 越 商 品	¥102,000	¥ 49,000
買 　掛　 金	540,000	370,000
支 　　　 店	438,000（借方）	──
本 　　　 店	──	410,000（貸方）
仕 　　　 入	793,000	500,000

ii　12月31日における本支店の取引

　① 本店は，支店の買掛金¥240,000 を現金で支払った。支店はその報告を受けた。

　② 支店は，本店が12月29日に送付していた商品¥28,000（原価）を受け取った。

iii　決算整理事項（一部）

　　期末商品棚卸高　本店　¥98,000　支店　¥84,000（資料ⅱ②の商品も含まれている）

解答欄

a	¥		b	¥

2　東北商店（個人企業）における本店・支店の損益計算書と未達事項および本支店合併後の
損益計算書によって，次の金額を計算しなさい。ただし，未達事項整理前の本店における支
店勘定の残高は*¥685,000*（借方），支店における本店勘定の残高は*¥431,000*（貸方）である。

(1)　支店勘定残高と本店勘定残高の一致額　　　(2)　本店損益計算書の旅費（アの金額）

(3)　本支店合併後の当期純利益（イの金額）　　　　　　　　　　（全商78回一部修正）

本店　損益計算書
令和○年1月1日から令和○年12月31日まで

費　用	金　　額	収　益	金　　額
売上原価	6,675,000	売上高	8,900,000
給　料	1,380,000	受取手数料	15,000
旅　費	（　ア　）		
減価償却費	140,000		
雑　費	37,000		
当期純利益	（　　）		
	8,915,000		8,915,000

支店　損益計算書
令和○年1月1日から令和○年12月31日まで

資　産	金　　額	収　益	金　　額
売上原価	2,730,000	売上高	3,640,000
給　料	758,000	受取手数料	9,000
旅　費	187,000	当期純損失	181,000
減価償却費	120,000		
雑　費	35,000		
	3,830,000		3,830,000

未　達　事　項

①　本店から支店に発送した商品
　　¥92,000（原価)が，支店に未達である。

②　支店で本店の買掛金*¥156,000*を支払
　　ったが，この通知が本店に未達である。

③　本店で支店の旅費*¥13,000*を立て替え
　　払いしたが，この通知が支店に未達である。

④　支店で本店受取分の手数料*¥7,000*を受
　　け取ったが，この通知が本店に未達である。

〔本支店合併後の損益計算書〕

損　益　計　算　書
東北商店　　令和○年1月1日から令和○年12月31日まで

費　用	金　　額	収　益	金　額
売上原価	（　　）	売上高	（　　）
給　料	2,138,000	受取手数料	（　　）
旅　費	491,000		
減価償却費	260,000		
雑　費	72,000		
当期純利益	（　イ　）		

(1)　*¥* _____　　　(2)　*¥* _____　　　(3)　*¥* _____

3　島根商店（個人企業　決算年1回　12月31日）の下記の資料によって，次の金額を
計算しなさい。　　　　　　　　　　　　　　　　　　　　　　　　　　（全商88回）

　　　　a．支店勘定残高と本店勘定残高の一致額　　b．本支店合併後の仕入高

資　　料
i　元帳勘定残高（一部）

	本　店	支　店
繰　越　商　品	*¥* 916,000	*¥* 523,000
支　　　店	570,000（借方）	——
本　　　店	——	476,000（貸方）
売　　上	6,520,000	3,240,000
仕　　入	4,742,000	2,273,000

ⅱ 付記事項

① 本店から支店に発送した商品Ａ *¥65,000*（原価）がまだ支店に到着しておらず，支店側で未処理であった。

② 支店から本店に発送した商品Ｂ *¥29,000*（原価）がまだ本店に到着しておらず，本店側で未処理であった。

ⅲ 決算整理事項（一部）

期末商品棚卸高　本店　*¥　837,000*（付記事項の商品は含まれていない）

支店　*¥　512,000*（付記事項の商品は含まれていない）

解答欄

a	*¥*	b	*¥*

4 四国商店（個人企業）の本店・支店の貸借対照表と未達事項および本支店合併後の貸借対照表によって，次の金額を計算しなさい。　　　　　　　　　（全商77回一部修正）

(1) 支店勘定残高と本店勘定残高の一致額　　　(2) 本支店合併後の商品（アの金額）

(3) 本支店合併後の当期純利益（イの金額）

本店　貸借対照表
令和 ○ 年 12 月 31 日

資　産	金　額	負債・純資産	金　額
現　　金	392,000	支払手形	960,000
当座預金	2,064,000	買　掛　金	723,000
売　掛　金	1,610,000	資　本　金	4,650,000
商　　品	930,000	当期純利益	881,000
備　　品	1,450,000		
支　　店	768,000		
	7,214,000		7,214,000

支店　貸借対照表
令和 ○ 年 12 月 31 日

資　産	金　額	負債・純資産	金　額
現　　金	（　　）	支払手形	（　　）
当座預金	719,000	買　掛　金	610,000
売　掛　金	508,000	本　　店	（　　）
商　　品	391,000	当期純利益	384,000
備　　品	270,000		
（　　）			

未　達　事　項

① 本店から支店に発送した商品 *¥71,000*（原価）が，支店に未達である。

② 支店で本店の買掛金 *¥▢* を支払ったが，この通知が本店に未達である。

③ 本店で支店受取分の手数料 *¥26,000* を受け取ったが，この通知が支店に未達である。

④ 支店で本店の広告料 *¥30,000* を立て替え払いしたが，この通知が本店に未達である。

〔本支店合併後の貸借対照表〕

貸借対照表
四国商店　　令和 ○ 年 12 月 31 日

資　産	金　額	負債・純資産	金　額
現　　金	637,000	支払手形	（　　）
当座預金	2,783,000	買　掛　金	1,209,000
売　掛　金	2,118,000	資　本　金	（　　）
商　　品	（　ア　）	当期純利益	（　イ　）
備　　品	1,720,000		

(1)	支店勘定残高と本店勘定残高の一致額	*¥*	
(2)	本支店合併後の商品（アの金額）	*¥*	
(3)	本支店合併後の当期純利益（イの金額）	*¥*	

35 株式発行時の記帳

基本例題 完全にマスターしよう

次の取引の仕訳を示しなさい。

(1) 株式会社長崎商会は設立するにあたり，株式200株を1株につき¥50,000で発行
し，全額の引き受け・払い込みを受け，払込金は当座預金とした。
資本金　¥50,000×200株＝¥10,000,000

(2) 株式会社大分商会は，設立にさいし，株式100株を1株¥65,000で発行し，全額
の引き受け・払い込みを受け，払込金は当座預金とした。ただし，1株の払込金額の
¥65,000×100株＝¥6,500,000
うち¥15,000は資本金に計上しないことにした。なお，この株式の発行に要した諸
資本準備金　¥15,000×100株＝¥1,500,000　　　設立時の株式発行費用は創立費
費用¥400,000を小切手を振り出して支払った。

(3) 株式会社大分商会は，事業拡大のため，新株200株を1株につき¥70,000で発行
し，全額の引き受け・払い込みを受け，払込金は当座預金とした。ただし，1株の払
¥70,000×200株＝¥14,000,000
込金額のうち¥20,000は資本金に計上しないことにした。なお，新株発行に要した
資本準備金　¥20,000×200株＝¥4,000,000　　　株式交付費
諸費用¥500,000を小切手を振り出して支払った。

STEP 1 **基本問題** 実力をアップしよう （解答⇨*p.29*）

次の取引の仕訳を示しなさい。

(1) 大宮商事株式会社は設立するにあたり，株式1,000株を，1株につき¥50,000で発行し，
全額の引き受け・払い込みを受け，払込金は当座預金とした。

（借）　　　　　　　　　　　　　　　（貸）

(2) 静岡商事株式会社は，設立にあたり，株式150株を，1株につき¥60,000で発行し，全
額の引き受け・払い込みを受け，払込金は当座預金とした。ただし，1株の払込金額のう
ち¥10,000は資本金に計上しないことにした。なお，この株式の発行に要した諸費用
¥450,000を小切手を振り出して支払った。

（借）　　　　　　　　　　　　　　　（貸）

(3) 株式会社大分商会は，企業規模の拡大のため，新株500株を1株につき¥60,000で発行
し，全額の引き受け・払い込みを受け，払込金は当座預金とした。ただし，1株の払込金
額のうち¥10,000は資本金に計上しないことにした。なお，新株発行に要した諸費用
¥800,000を小切手を振り出して支払った。

（借）　　　　　　　　　　　　　　　（貸）

❖ 払込金は原則として資本金となるが，資本金に計上しない部分は，資本準備金勘定で処理する。

(1) (借) 当 座 預 金 10,000,000 (貸) 資 本 金 10,000,000

(2) (借) 当 座 預 金 6,500,000 (貸) 資 本 金 5,000,000
資 本 準 備 金 1,500,000
創 立 費※ 400,000 当 座 預 金 400,000

※ 会社設立時の株式の発行に要した諸費用は創立費勘定で処理する。

(3) (借) 当 座 預 金 14,000,000 (貸) 資 本 金 10,000,000
資 本 準 備 金 4,000,000
株 式 交 付 費※※ 500,000 当 座 預 金 500,000

※※ 会社設立後に新株を発行するために要した諸費用は株式交付費勘定で処理する。

STEP 2 発展問題 チャレンジしよう (解答⇨p.30)

次の取引の仕訳を示しなさい。

(1) 熊本商事株式会社は，設立にさいし，株式300株を1株につき¥80,000で発行し，全額の引き受け・払い込みを受け，払込金は当座預金とした。なお，設立に要した諸費用¥470,000は小切手を振り出して支払った。 (全商89回)

(借) (貸)

(2) 大阪商事株式会社は，企業規模拡大のため，あらたに株式500株を1株につき¥70,000で発行し，全額の引き受け・払い込みを受け，払込金は当座預金とした。ただし，1株の払込金額のうち¥30,000は資本金に計上しないことにした。なお，この株式の発行に要した諸費用¥480,000は小切手を振り出して支払った。 (全商90回)

(借) (貸)

(3) 茨城産業株式会社は，企業規模拡張のため，株式30,000株を1株につき¥800で発行し，全額の引き受け・払い込みを受け，払込金は当座預金とした。なお，この株式の発行に要した諸費用¥470,000は小切手を振り出して支払った。 (全商92回)

(借) (貸)

36 剰余金の配当と処分

BASIS 　**基本例題**　完全にマスターしよう

次の取引の仕訳を示しなさい。

(1)　埼玉商事株式会社は，第1期決算において，<u>当期純利益 ¥1,000,000 を計上した。</u>
　　　　　　　　　　　　　　　　　　　　　　　損益勘定から繰越利益剰余金勘定へ

(2)　株主総会で，繰越利益剰余金を，次のとおり配当および処分することを決議した。

　　ただし，繰越利益剰余金勘定の貸方残高は ¥530,000 である。

　　　　利益準備金　　¥ 30,000　　　　配　当　金　　¥300,000

　　　　別途積立金　　¥200,000

(3)　神奈川商事株式会社は，決算の結果，<u>当期純損失 ¥1,500,000 を計上した。</u>
　　　　　　　　　　　　　　　　　　　　　損益勘定から繰越利益剰余金勘定へ

STEP 1 　**基本問題**　実力をアップしよう　　　　　　　　　（解答⇨*p.30*）

次の取引の仕訳を示しなさい。

(1)　山形商事株式会社は，第1期決算において，当期純利益 ¥3,000,000 を計上した。

　（借）　　　　　　　　　　　　　　　（貸）

(2)　栃木商事株式会社は，定時株主総会で，繰越利益剰余金を，次のとおり配当および処分
　　することを決議した。ただし，繰越利益剰余金の貸方残高は ¥1,360,000 である。なお，
　　資本金は ¥10,000,000 資本準備金は ¥1,950,000 利益準備金は ¥400,000 である。

　　　　利益準備金　　¥ 80,000　　　　配　当　金　　¥800,000

　　　　別途積立金　　¥480,000

　　　　残額は次期に繰り越すことにした。

　（借）　　　　　　　　　　　　　　　（貸）

(3)　秋田商事株式会社は，決算の結果，当期純損失 ¥1,800,000 を計上した。

　（借）　　　　　　　　　　　　　　　（貸）

覚えよう

❖　株式会社の当期純利益は，資本金勘定に振り替えないで，損益勘定から繰越利益剰余
　　金勘定に振り替える。

❖ 繰越利益剰余金を財源とする配当を行ったときは，その10分の1を利益準備金に積み立てる。

(1)	（借）	損　　　　益	*1,000,000*	（貸）	繰越利益剰余金	*1,000,000*
(2)	（借）	繰越利益剰余金	*530,000*	（貸）	利 益 準 備 金	*30,000*
					未 払 配 当 金	*300,000*
					別 途 積 立 金	*200,000*
(3)	（借）	繰越利益剰余金	*1,500,000*	（貸）	損　　　　益	*1,500,000*

STEP 2 ▶ **発展問題** チャレンジしよう　　　　　　（解答⇨*p.30*）

次の取引の仕訳を示しなさい。

(1) 岡山商事株式会社（発行済株式数5,800株）は，株主総会において，繰越利益剰余金を次のとおり配当および処分することを決議した。ただし，繰越利益剰余金の貸方残高は *¥4,700,000* である。　　　　　　　　　　　　　　　　　　　　　　　（全商91回）

　　　利益準備金　*¥203,000*　　配当金　1株につき*¥350*　　別途積立金　*¥1,890,000*

（借）　　　　　　　　　　　　　　　　（貸）

(2) 奈良商事株式会社は，株主総会で決議された配当金*¥3,720,000* の支払いを全商銀行に委託し，小切手を振り出して支払った。　　　　　　　　　　　　　　　（全商90回）

（借）　　　　　　　　　　　　　　　　（貸）

(3) 沖縄商事株式会社（発行済株式総数6,300株）は，株主総会において，繰越利益剰余金を次のとおり配当および処分することを決議した。ただし，繰越利益剰余金勘定の貸方残高は，*¥4,500,000* である。　　　　　　　　　　　　　　　　　　　（全商88回）

　　　利益準備金　*¥189,000*　　配当金　1株につき*¥300*　　別途積立金　*¥1,700,000*

（借）　　　　　　　　　　　　　　　　（貸）

37 株式会社の税金

次の取引の仕訳を示しなさい。

(1)　愛知商事株式会社は，当期の法人税・住民税および事業税額 ¥520,000 を計上した。
　　　　　　　　　　　　　　　　　　法人税等と未払法人税

　　ただし，中間申告で法人税・住民税および事業税額 ¥250,000 を納付している。
　　　　　仮払法人税　　　　この金額を差し引いた額が未払法人税等

(2)　三重通商株式会社は，法人税・住民税および事業税の確定申告をおこない，

　　¥500,000 を現金で納付した。ただし，未払法人税等 ¥500,000 を計上してある。
　　　　　　　　　　　　　　　　　　　未払法人税を減少させる

(3)　南西株式会社(決算年1回)は，中間申告をおこない，前年度の法人税・住民税及び
　　　　　　　　　　　　　　　　　　　　　　　　　　仮払法人税等

　　事業税の合計額 ¥3,000,000 の2分の1を小切手を振り出して支払った。
　　　　　　　　　　　　　　　　　　　　　当座預金

STEP 1 ⟩ 基本問題　実力をアップしよう　　　　　　　　　　(解答⇨p.30)

次の取引の仕訳を示しなさい。

(1)　群馬商事株式会社は，当期の法人税・住民税および事業税額 ¥400,000 を計上した。た
　　だし，中間申告で法人税・住民税および事業税額 ¥180,000 を納付している。

　　（借）　　　　　　　　　　　　　　　　（貸）

(2)　北東商事株式会社（決算年1回）は，中間申告をおこない，前年度の法人税・住民税及
　　び事業税の合計額 ¥2,000,000 の2分の1を小切手を振り出して納付した。

　　（借）　　　　　　　　　　　　　　　　（貸）

(3)　茨城商事株式会社は，法人税・住民税および事業税 ¥790,000 を現金で納付した。ただ
　　し，未払法人税等勘定の残高が ¥790,000 ある。

　　（借）　　　　　　　　　　　　　　　　（貸）

(4)　株式会社酒田商事は，法人税・住民税および事業税の中間申告をおこない，¥360,000
　　を現金で納付した。

　　（借）　　　　　　　　　　　　　　　　（貸）

覚えよう

❖　中間申告で納税した金額は，いったん仮払法人税等勘定で処理する。

（年1回決算の株式会社における法人税等の計上例）

- ❖ 中間申告をしたとき　　　　　　　　　　（借）　仮払法人税等　*100*　（貸）　当 座 預 金　*100*
- ❖ 決算にあたり，法人税等を計上したとき　（借）　法 人 税 等　*230*　（貸）　仮払法人税等　*100*
　　　　　　　　　　　　　　　　　　　　　　　　　　　　　　　　　　　　　　未払法人税等　*130*
- ❖ 確定申告で，法人税等を納付したとき　　（借）　未払法人税等　*130*　（貸）　当 座 預 金　*130*

---

(1) （借）　法 人 税 等　520,000　　（貸）　仮払法人税等　250,000

　　　　　　　　　　　　　　　　　　　　　　未払法人税等　270,000

(2) （借）　未払法人税等　500,000　　（貸）　現　　　　金　500,000

(3) （借）　仮払法人税等　1,500,000　（貸）　当 座 預 金　1,500,000

STEP 2　発展問題　チャレンジしよう　　　　　　　　　（解答⇨p.30）

次の取引の仕訳を示しなさい。

(1) 岩手商事株式会社（決算年1回）は，中間申告をおこない，前年度の法人税・住民税及び事業税の合計額*¥3,580,000* の2分の1を小切手を振り出して納付した。　（全商91回）

　　（借）　　　　　　　　　　　　　　　　（貸）

(2) 石川商事株式会社（決算年1回）は，決算にあたり，当期の法人税・住民税及び事業税の合計額*¥2,950,000* を計上した。ただし，中間申告のさい*¥1,210,000* を納付しており，仮払法人税等勘定で処理している。　（全商90回）

　　（借）　　　　　　　　　　　　　　　　（貸）

(3) 鹿児島商事株式会社は，法人税・住民税及び事業税の確定申告をおこない，決算で計上した法人税等*¥3,000,000* から中間申告のさいに納付した*¥1,800,000* を差し引いた額を現金で納付した。　（全商89回）

　　（借）　　　　　　　　　　　　　　　　（貸）

(4) 青森商事株式会社（決算年1回）は，中間申告をおこない，前年度の法人税・住民税及び事業税の合計額*¥2,130,000* の2分の1を小切手を振り出して納付した。　（全商88回）

　　（借）　　　　　　　　　　　　　　　　（貸）

38 計算問題（その1）

基本例題 完全にマスターしよう

広島商店（個人企業）の下記の資料によって，次の金額を計算しなさい。

(1) 期 末 純 資 産 (2) 期間中の収益総額

資　　　料

a. 期 首 の 純 資 産 ¥3,000,000

b. 期末の資産・負債

　　現　　　金 ¥ 800,000　売 掛 金 ¥2,000,000　商　　　品 ¥2,200,000

　　備　　　品 　 900,000　買 掛 金 　1,000,000　借 入 金 　 700,000

c. 期間中の費用総額 ¥6,000,000

d. 期間中の追加元入額 ¥ 850,000

e. 期 間 中 の 引 出 額 ¥ 600,000

STEP 1 **基本問題** 実力をアップしよう （解答⇨p.30）

1 淡路商店（個人企業）の下記の資料によって，次の金額を計算しなさい。

(1) 当 期 純 損 益 (2) 期 首 純 資 産 (3) 期 末 負 債

資　　　料

a. 期 首 の 資 産 ¥5,200,000　　期 首 の 負 債 ¥3,400,000

b. 期 末 の 資 産 ¥7,100,000

c. 期間中の収益総額 ¥ 830,000　　期間中の費用総額 ¥1,000,000

d. 期 間 中 の 引 出 額 ¥ 240,000

(1)	当期純利益 当期純損失	¥	(2)	期首純資産	¥	(3)	期末負債	¥

注 (1)はどちらか不要の分を消すこと。

2 四日市商店（個人企業）の下記の資料によって，次の金額を計算しなさい。

(1) 期 末 純 資 産 (2) 期間中の費用総額

資　　　料

a. 期 首 純 資 産 ¥1,200,000

b. 期末の資産・負債

　　現　　　金 ¥ 400,000　売 掛 金 ¥ 900,000　商　　　品 ¥1,000,000

　　建　　　物 　 800,000　買 掛 金 　 600,000　借 入 金 　 500,000

c. 期間中の収益総額 ¥8,000,000

d. 期間中の追加元入額 ¥ 300,000

(1)	期 末 純 資 産	¥	(2)	期間中の費用総額	¥

覚えよう

❖ 期首純資産＝期首資産－期首負債　　期末純資産＝期末資産－期末負債

❖ 当期純利益＝（期末純資産＋引出額）－（期首純資産＋追加元入額）

	資　本　金	
引　出　額		期首純資産
		追加元入額
期末純資産		当期純利益

(1)　*¥4,200,000*

＊期末資産から期末負債を引いて期末純資産を産出する。

¥800,000＋¥2,000,000＋¥2,200,000＋¥900,000＝¥5,900,000
　現金　　　　　売掛金　　　　　商品　　　　　　備品　　　　　期末資産

¥1,000,000＋¥700,000＝¥1,700,000
　買掛金　　　　　借入金　　　　期末負債

(2)　*¥6,950,000*

＊費用総額の当期純利益｛(期末純資産＋引出額)−(期首純資産＋追加元入額)｝を加えて収益総額を算出する。

(¥4,200,000＋¥600,000)−(¥3,000,000＋¥850,000)＝¥950,000
　　期末純資産　　　引出額　　　　　期首純資産　　　追加元入額　　　当期純利益

¥6,000,000＋¥950,000＝期間中の収益総額
　費用総額　　　　当期純利益

STEP 2　発展問題　チャレンジしよう　　　（解答⇨*p.31*）

1　九州商店（個人企業）の下記の損益勘定と資料によって，次の金額を計算しなさい。

(1)　仕　入　高　(2)　期首の負債総額　　　　　　　　　　　　　　（全商77回）

		損		益		
12/31	仕　　入	3,923,000	12/31 売　上			5,230,000
〃	給　料	840,000				
〃	減価償却費	133,000				
〃	雑　費	40,000				
〃	資　本　金	294,000				
		5,230,000				5,230,000

	資　　　料
i	期首の資産総額　*¥4,050,000*（うち商品 *¥290,000*）
ii	期首の負債総額
iii	期末の資産総額　*¥4,120,000*（うち商品 *¥312,000*）
iv	期末の負債総額　　880,000
v	期間中の追加元入額　*¥200,000*
vi	期間中の引出金　*¥175,000*

(1)	仕　入　高　*¥*	(2)	期首の負債総額　*¥*

2　栃木商店（個人企業）の下記の繰越試算表と資料によって，次の金額を計算しなさい。

(1)　仕　入　高　(2)　期間中の追加元入額　　　　　　　　　　　（全商78回一部修正）

繰　越　試　算　表
令和 ○ 年 12 月 31 日

借　　方	勘　定　科　目	貸　　方
490,000	現　　　　金	
840,000	売　掛　金	
370,000	繰　越　商　品	
260,000	備　　　品	
	買　掛　金	320,000
	借　入　金	200,000
	資　本　金	1,440,000
1,960,000		1,960,000

	資　　　料
i	期首の資産総額　*¥1,740,000*（うち商品 *¥280,000*）
ii	期首の負債総額　*¥450,000*
iii	期間中の収益および費用 売　上　高　*¥6,140,000* 売　上　原　価　5,219,000 給　　　料　615,000 減価償却費　130,000 支　払　利　息　6,000
iv	期間中の追加元入額　*¥*
v	期間中の引出金　*¥80,000*

(1)	仕　入　高　*¥*	(2)	期間中の追加元入額　*¥*

BASIS ▷ **基本例題** 完全にマスターしよう

京都商店（個人企業）の下記の資料によって，次の金額を計算しなさい。

(1) 年度中の仕入高 　　(2) 期末の売掛金

資　　　料

a．資料および負債

	（期　　首）	（期　　末）
現　　　　　金	¥ 2,000,000	¥ 2,500,000
売　掛　金	1,000,000	x
商　　　　品	900,000	800,000
買　掛　金	1,400,000	1,700,000

b．年度中の収益および費用

売　上　高	¥15,000,000	売　上　原　価	¥10,000,000
販売費及び一般管理費	4,000,000		

c．年度中の引出金 　¥ 400,000

STEP 1 ▷ **基本問題** 実力をアップしよう　　　　　（解答⇨*p.31*）

1 静岡商店（個人企業　決算年１回12月31日）の決算日における次の受取利息の（　①　）と
（　②　）に入る金額と（　③　）に入る勘定科目を記入しなさい。ただし，利息は，毎年同じ
金額を３月末と９月末に翌月以降の６か月分として受け取っている。

受　取　利　息

12/31 前受利息 （　②　）	1/1 前受利息	180,000
〃 （　③　） （　　　）	3/31 当座預金 （　①　）	
	9/30 当座預金 （　　　）	
（　　　）	（　　　）	

① ¥		② ¥		③	

覚えよう

❖　収益と費用の各勘定の残高は損益勘定に振り替えて，
損益勘定で当期純利益を計算する。

仕	入
期首商品棚卸高	期末商品棚卸高
仕　入　高	売　上　原　価

損	益
売　上　原　価	売　上　高
その他の費用	
当期純利益	その他の収益

(1)　¥9,900,000

＊期末商品棚卸高と売上原価を加算し，期首商品棚卸高を引いて仕入高を算出する。

¥800,000＋¥10,000,000－¥900,000＝仕入高
　期末商品棚卸高　売上原価　　　　　期首商品棚卸高

(2)　¥1,500,000

＊期首純資産と当期純利益を計算して期末純資産を求め，次に期末負債と期末純資産を加算し，売掛金以外の期末遺産を引いて売掛金を算出する。

¥2,000,000＋¥1,000,000＋¥900,000－¥1,400,000＝¥2,500,000
└────────期首資産────────┘　　期首負債　　　期首純資産

¥15,000,000－（¥10,000,000＋¥4,000,000）＝¥1,000,000
　売上高　　　　　売上原価　　　　販管費　　　　当期純利益

¥2,500,000－¥400,000＋¥1,000,000＝¥3,100,000
　期首純資産　　　引出金　　　当期純利益　　　期末純資産

（¥1,700,000＋¥3,100,000）－（¥2,500,000＋¥800,000）＝期末売掛金
　期末負債　　　　期末純資産　　└──売掛金以外の期末資産──┘

STEP 2　　**発展問題** チャレンジしよう　　　　　　　　（解答⇨p.31）

1　長崎商店（個人企業）の下記の資本金勘定と資料によって，次の金額を計算しなさい。

(1)　売　上　高　　　(2)　期首の買掛金　　　　　　　　　　（全商72回一部修正）

資	本	金	
12/31 引出金	20,000	1/1 前期繰越	（　　　）
〃 次期繰越	（　　　）	1/30 現　金	120,000
		12/31 損　益	350,000
（　　　）		（　　　）	

資　　　料

i　資産および負債

		（期首）	（期末）
現	金	¥1,109,000	¥1,260,000
売 掛 金		1,451,000	1,500,000
商	品	720,000	860,000
買 掛 金		[　　　　]	1,470,000

ii　期間中の収益および費用

売　上　高	¥[　　　　]
売上原価	2,990,000
販売費及び一般管理費	1,040,000

(1)	売　上　高	¥	(2)	期首の買掛金	¥

2 長崎商店（個人企業）の下記の仕訳帳と資料によって，次の金額を記入しなさい。

（全商89回）

a．仕訳帳の（ア）の金額　b．仕　入　高　c．期首の負債総額

<table>
<tr><td colspan="6" align="center">仕　訳　帳</td><td align="right">20</td></tr>
<tr><td>令和
○年</td><td colspan="2">摘　　要</td><td>元丁</td><td>借　方</td><td>貸　方</td></tr>
<tr><td colspan="3" align="center">決　算　仕　訳</td><td></td><td></td><td></td></tr>
<tr><td>12 31</td><td colspan="2">（売　　上）</td><td></td><td>6,324,000</td><td>6,324,000</td></tr>
<tr><td></td><td></td><td>（損　　益）</td><td></td><td></td><td></td></tr>
<tr><td></td><td>（損　益）</td><td>諸　口</td><td>省</td><td>（　　　）</td><td></td></tr>
<tr><td></td><td></td><td>（仕　入）</td><td></td><td></td><td>4,517,000</td></tr>
<tr><td></td><td></td><td>（給　料）</td><td></td><td></td><td>948,000</td></tr>
<tr><td></td><td></td><td>（減価償却費）</td><td></td><td></td><td>375,000</td></tr>
<tr><td></td><td></td><td>（雑　費）</td><td>略</td><td></td><td>（　ア　）</td></tr>
<tr><td></td><td>（損　益）</td><td></td><td></td><td>461,000</td><td></td></tr>
<tr><td></td><td></td><td>（資　本　金）</td><td></td><td></td><td>461,000</td></tr>
</table>

資　　料

i	期首の資産総額	¥2,830,000
	（うち商品	¥520,000）
ii	期末の資産総額	¥2,960,000
	（うち商品	¥490,000）
iii	期末の負債総額	¥1,250,000
iv	期間中の追加元入額	¥100,000
v	期間中の引出金	¥140,000

a	¥	b	¥	c	¥

3 群馬商店（個人企業）の下記の繰越試算表と資料によって，次の金額を計算しなさい。

（1）仕　入　高　　（2）期首の資産総額　　　　　（全商70回一部修正）

<table>
<tr><td colspan="3" align="center">繰　越　試　算　表</td></tr>
<tr><td colspan="3" align="center">令和 ○ 年 12 月 31 日</td></tr>
<tr><td>借　　方</td><td>勘　定　科　目</td><td>貸　　方</td></tr>
<tr><td align="right">680,000</td><td>現　　　金</td><td></td></tr>
<tr><td align="right">1,320,000</td><td>売　掛　金</td><td></td></tr>
<tr><td align="right">540,000</td><td>繰　越　商　品</td><td></td></tr>
<tr><td align="right">430,000</td><td>備　　　品</td><td></td></tr>
<tr><td></td><td>買　掛　金</td><td align="right">798,000</td></tr>
<tr><td></td><td>借　入　金</td><td align="right">520,000</td></tr>
<tr><td></td><td>資　本　金</td><td align="right">1,652,000</td></tr>
<tr><td align="right">2,970,000</td><td></td><td align="right">2,970,000</td></tr>
</table>

資　　料

i	期首の商品	¥460,000
ii	期首の負債総額	¥1,348,000
iii	期間中の収益および費用	
	売　上　高	¥7,650,000
	売上原価	5,937,000
	広　告　費	1,290,000
	支払利息	13,000
iv	期間中の追加元入額	¥140,000
v	期間中の引出金	¥80,000

(1)	仕　入　高 ¥	(2)	期首の資産総額　¥

英文会計

（解答⇨**p.32**）

STEP 1 **基本問題** 実力をアップしよう

次の簿記に関する用語を英語にしなさい。ただし，もっとも適当な語を下記の語群のなかから選び，その番号を記入すること。

ア．決　算　　イ．売上勘定　　ウ．会計期間　　エ．現金勘定　　オ．精算表

カ．財務諸表

【語群】

1．cash account 　　　 2．sales account 　　　 3．accounting period

4．cost of sales 　　　 5．closing books 　　　 6．balance sheet

7．financial statements 8．gross profit 　　　 9．work sheet

ア	イ	ウ	エ	オ	カ

STEP 2 **発展問題** チャレンジしよう

（解答⇨**p.32**）

1 次の簿記に関する用語を英語にしなさい。ただし，もっとも適当な語を下記の語群のなかから選び，その番号を記入すること。

　ア．減価償却　　イ．前受収益　　ウ．伝　　票

【語群】

1．slip 　　　　　　 2．depreciation 　　　 3．accrued expense

4．reversing entry 　 5．prepaid expense 　　 6．unearned revenue

ア	イ	ウ

2 次の簿記に関する用語を英語にしなさい。ただし，もっとも適当な語を下記の語群のなかから選び，その番号を記入すること。

　エ．損益計算書　　オ．資　　本　　カ．取　　引

【語群】

1．profit and loss statement 　 2．account title 　　 3．equity

4．debit 　　　　　　　　　　 5．transaction 　　　 6．securities

エ	オ	カ

帳簿問題

BASIS 基本例題 完全にマスターしよう

次の長崎商店の各取引を受取手形勘定と支払手形勘定および受取手形記入帳と支払手形記入帳に記入しなさい。

1月24日 宮城商店に対する買掛金の支払いとして，次の約束手形を振り出した。

（借）買 掛 金 *700,000* （貸）支 払 手 形 *700,000*

金　　額 *¥700,000* 手形番号 34 ← ┌─────────────┐
│支払手形記入帳の手形│
振 出 日 1月24日 支払期日 3月24日 │番号欄に記入│
└─────────────┘
支払場所 南銀行本店

26日 福島商店に対する売掛金の一部 *¥900,000* を，次の同店振り出しの約束手形で回収した。

（借）受 取 手 形 *900,000* （貸）売 掛 金 *900,000*

金　　額 *¥900,000* 手形番号 25 ← ┌─────────────┐
│受取手形記入帳の手形│
振 出 日 1月26日 支払期日 3月26日 │番号欄に記入│
└─────────────┘
支払場所 東銀行本店

30日 秋田商店あてに振り出していた約束手形 *¥1,200,000* （手形番号20）が支払期日となり，当店の当座預金口座から支払われた旨，取引銀行から通知を受けた。

仕訳のつど転記

受　取　手　形　　　5		支　払　手　形　　　17	
1 /26　　　*900,000*		1 / 30　　*1,200,000*	1 / 3　　　*1,200,000*
			24　　　　*700,000*

受 取 手 形 記 入 帳

令和○年		摘　要	金　額	手形種類	手形番号	支払人	振出人または裏書人	振出日		満期日		支払場所	て　ん　末	
								月	日	月	日		日付	摘要
1	26	売掛金回収	*900,000*	約手	25	福島商店	福島商店	1	26	3	26	東銀行本店		

支 払 手 形 記 入 帳

令和○年		摘　要	金　額	手形種類	手形番号	受取人	振出人	振出日		満期日		支払場所	て　ん　末	
								月	日	月	日		日付	摘要
1	3	仕 入 れ	*1,200,000*	約手	20	秋田商店	当店	1	3	1	30	南銀行本店	1	30	支払い
	24	買掛金	*700,000*	約手	34	宮城商店	当店	1	24	3	24	南銀行本店		

次の三重商店の取引を解答用紙の各帳簿に記入しなさい。

ただし，　i　総勘定元帳と売掛金元帳・買掛金元帳の記入は，日付と金額を示せばよい。

　　　　　ii　当座預金出納帳は月末に締め切るものとする。

取　　　　　引

1月13日　岐阜商店から次の商品を仕入れ，代金は掛けとした。

　　　　　　　A　品　100個　　　@¥5,000

　　　　　　　B　品　100個　　　@¥3,000

　15日　愛知商店に次の商品を販売し，代金は掛けとした。

　　　　　　　A　品　150個　　　@¥8,000

　　　　　　　B　品　 20個　　　@¥4,000

　16日　静岡商店から次の商品を仕入れ，代金は先に支払ってある内金¥100,000を差し引き，残額は掛けとした。

　　　　　　　A　品　200個　　　@¥5,200

　17日　大阪商店に次の商品を販売し，代金は掛けとした。

　　　　　　　C　品　200個　　　@¥7,000

　21日　岐阜商店に対する買掛金の一部¥300,000の支払いとして，小切手＃5を振り出した。

　23日　愛知商店に対する売掛金の一部¥900,000が，当店の当座預金口座に振り込まれたとの連絡を取引銀行から受けた。

　25日　静岡商店に対する買掛金の一部¥600,000の支払いとして，約束手形¥600,000を振り出した。

　27日　大阪商店に対する売掛金の一部¥850,000の回収として，同店振り出しの約束手形¥850,000を受け取った。

　29日　岐阜商店あてに振り出していた約束手形＃15　¥1,200,000が支払期日となり，当店の当座預金口座から支払われた旨，取引銀行から通知を受けた。

総 勘 定 元 帳

当 座 預 金			2
1 / 1	3,500,000		

売 掛 金			6
1 / 1	1,550,000		

支 払 手 形			17
		1 / 4	1,200,000

買 掛 金			18
		1 / 1	1,700,000

売 上			24

仕 入			30
1 / 4	1,200,000		

当 座 預 金 出 納 帳

1

令和○年		摘　　　　要	預　入	引　出	借または貸	残　高
1	1	前 月 繰 越	3,500,000		借	3,500,000

売 掛 金 元 帳
大 阪 商 店　　　　　　　　　　　　　　　1

令和〇年		摘　　　要	借　　方	貸　　方	借または貸	残　　高
1	1	前 月 繰 越	850,000		借	850,000

買 掛 金 元 帳
岐 阜 商 店　　　　　　　　　　　　　　　1

令和〇年		摘　　　要	借　　方	貸　　方	借または貸	残　　高
1	1	前 月 繰 越		700,000	貸	700,000

商 品 有 高 帳
（先入先出法）　　　　　　品名　　A　品　　　　　　　　　　単位：個

令和〇年		摘　要	受　　入			払　　出			残　　高		
			数量	単価	金　額	数量	単価	金　額	数量	単価	金　額
1	1	前月繰越	100	4,900	490,000				100	4,900	490,000

次の新潟商店の取引を各帳簿に記入しなさい。 （全商60回一部修正）

ただし，ⅰ 総勘定元帳と買掛金元帳の記入は，日付と金額を示せばよい。

　　　　ⅱ 商品有高帳は，先入先出法により記帳している。

　　　　ⅲ 仕入帳は月末に締め切るものとする。

取　　　　　引

1月5日 富山商店から次の商品を仕入れ，代金は掛けとした。

　　　　　　A 品　　400個　　@¥500

　　　　　　B 品　　800個　　@¥350

　6日 富山商店から仕入れた上記商品の一部に品違いがあったので，次のとおり返品した。なお，この代金は買掛金から差し引くことにした。

　　　　　　B 品　　20個　　@¥350

10日 石川商店に次の商品を売り渡し，代金のうち¥100,000 は同店振り出しの小切手 #11で受け取り，ただちに当座預金に預け入れ，残額は掛けとした。

　　　　　　A 品　　200個　　@¥650

　　　　　　B 品　　600個　　@¥450

17日 福井商店から次の商品を仕入れ，代金は掛けとした。なお，引取運賃¥3,000 を現金で支払った。

　　　　　　C 品　　500個　　@¥300

25日 福井商店に対する買掛金の支払いとして，次の約束手形を振り出した。

　　　　金　　額　¥200,000　　　手形番号　6

　　　　振 出 日　1月25日　　　支払期日　3月25日

　　　　支払場所　東銀行本店

総 勘 定 元 帳

買　　掛　　金　　　　　18		仕　　　入　　　　30	
	1／1　　350,000		

買 掛 金 元 帳

富 山 商 店　　　　1		福 井 商 店　　　2	
	1／1　　120,000		1／1　　230,000

仕　入　帳

令和〇年	摘　　　要	内　訳	金　額

商　品　有　高　帳

（先入先出法）　　　　（品名）　A　品　　　　単位：個

令和〇年		摘　要	受　　　入			払　　　出			残　　　高		
			数量	単価	金　額	数量	単価	金　額	数量	単価	金　額
1	1	前月繰越	100	490	49,000				100	490	49,000

支 払 手 形 記 入 帳

令和〇年		摘要	金　額	手形種類	手形番号	受取人	振出人	振出日		満期日		支払場所	て　ん　末	
								月	日	月	日		日付	摘要

42 決 算

基本例題 完全にマスターしよう

近畿商店（個人企業　決算年1回　12月31日）の総勘定元帳勘定残高と付記事項および決算整理事項は，次のとおりであった。よって，貸借対照表を完成しなさい。

元帳勘定残高

現　　　金	*¥* 459,000	当 座 預 金	*¥* 2,558,000	受 取 手 形	*¥* 900,000
売 掛 金	1,200,000	貸倒引当金	38,000	有 価 証 券	1,860,000
繰 越 商 品	1,060,000	備　　　品	1,600,000	備品減価償却累計額	576,000
支 払 手 形	730,000	買 掛 金	870,000	従業員預り金	340,000
仮 受 金	110,000	資 本 金	6,000,000	売　　　上	17,650,000
受取手数料	410,000	仕　　　入	13,900,000	給　　　料	1,580,000
支 払 家 賃	1,320,000	保 険 料	96,000	消 耗 品 費	78,000
雑　　　費	113,000				

付 記 事 項

（借）貸倒引当金繰入　25,000　（貸）貸倒引当金　25,000

① 仮受金 *¥* 110,000 は，神戸商店から商品の注文を受けたさいの内金であることがわかった。

（借）仮 受 金　110,000　（貸）前 受 金　110,000

決算整理事項

a．期末商品棚卸高　　*¥* 1,120,000

（借）仕　　入　1,060,000　（貸）繰 越 商 品　1,060,000
（借）繰 越 商 品　1,120,000　（貸）仕　　入　1,120,000

b．貸 倒 見 積 高　　受取手形と売掛金の期末残高に対し，3％と見積もり，貸倒引当金を設定する。

c．備品減価償却高　　定率法により，毎期の償却率を25％とする。

（借）減価償却費　256,000　（貸）備品減価償却累計額　256,000

d．有価証券評価高　　売買を目的として保有する次の株式について，時価によって評価する。

福岡物産株式会社　30株　時価　1株　*¥* 65,000

（借）有 価 証 券　90,000　（貸）有価証券評価益　90,000

e．消耗品未使用高　　*¥* 21,000

（借）消 耗 品　21,000　（貸）消 耗 品 費　21,000

f．保険料前払高　　保険料のうち *¥* 72,000 は，本年5月1日に1年分を支払ったものであり，前払高を次期に繰り延べる。（借）前払保険料　24,000　（貸）保 険 料　24,000

g．家 賃 未 払 高　　*¥* 120,000

（借）支 払 家 賃　120,000　（貸）未 払 家 賃　120,000

解答

貸 借 対 照 表

近畿商店　　　　　　　　令和 ○ 年 12 月 31 日　　　　　　　　　（単位：円）

資　　　産	金　　額	負債および純資産	金　　額
現　　　金	459,000	支 払 手 形	730,000
当 座 預 金	2,558,000	買 掛 金	870,000
受 取 手 形 （ 900,000）		前 受 金	110,000
貸倒引当金（ 27,000）	873,000	従業員預り金	340,000
売 掛 金 （1,200,000）		未 払 家 賃	120,000
貸倒引当金（ 36,000）	1,164,000	資 本 金	6,000,000
有 価 証 券	1,950,000	当期純利益	767,000
商　　　品	1,120,000		
（消 耗 品）	21,000		
（前払保険料）	24,000		
備　　　品 （1,600,000）			
減価償却累計額（ 832,000）	768,000		
	8,937,000		8,937,000

STEP 1 **基本問題** 実力をアップしよう （解答⇨*p.35*）

　四国商店（個人企業　決算年1回　12月31日）の総勘定元帳勘定残高と付記事項および決算整理事項は，次のとおりであった。よって，損益計算書を完成しなさい。

元帳勘定残高

現　　　　金	¥ 562,000	当 座 預 金	¥ 2,860,000	受 取 手 形	¥ 1,600,000
売　掛　金	2,200,000	貸倒引当金	45,000	有 価 証 券	1,440,000
繰 越 商 品	1,720,000	備　　　品	1,800,000	備品減価償却累計額	810,000
支 払 手 形	890,000	買　掛　金	1,690,000	従業員預り金	400,000
資　本　金	7,000,000	売　　　上	20,940,000	受取手数料	381,000
仕　　　入	16,620,000	給　　　料	2,160,000	支 払 家 賃	960,000
保　険　料	75,000	消 耗 品 費	73,000	雑　　　費	86,000

付 記 事 項

① かねて受け取っていた高松商店振り出しの約束手形¥300,000 が，期日に当座預金に入金されていたが，記帳していなかった。

決算整理事項

a．期末商品棚卸高　　¥1,850,000

b．貸 倒 見 積 高　　受取手形と売掛金の期末残高に対し，それぞれ5％と見積もり，貸倒引当金を設定する。

c．備品減価償却高　　取得原価¥1,800,000　残存価額は取得原価の10％　耐用年数は6年とし，定額法による。

d．有価証券評価高　　有価証券は，売買目的で保有している次の株式であり，時価によって評価する。

　　　　　　　　　　松山商事株式会社　200株　　時価　1株　¥6,800

e．消耗品未使用高　　¥　25,000

f．保険料前払高　　　保険料のうち¥60,000 は，本年4月1日に1年分を支払ったものであり，前払高を次期に繰り延べる。

g．家 賃 未 払 高　　¥ 192,000

(解答欄)

損 益 計 算 書

四国商店　　　　　　令和○年1月1日から令和○年12月31日まで　　　　　（単位：円）

費　　　用	金　　額	収　　　益	金　　額
（　　　　　）		売 上 高	
給　　　料		受 取 手 数 料	
（　　　　　）			
（　　　　　）			
支 払 家 賃			
保　険　料			
消 耗 品 費			
雑　　　費			
（　　　　　）			
（　　　　　）			

❖ 2級でも3級で学習した差額補充法が出題される。

STEP 2 　**発展問題** チャレンジしよう　　　　　　　　　　（解答⇨p.36）

1 　北海道商店（個人企業　決算年1回　12月31日）の総勘定元帳勘定残高と付記事項および決算整理事項は，次のとおりであった。よって，総勘定元帳の損益勘定に必要な記入をおこないなさい。　（全商62回一部修正）

元帳勘定残高

現　　　金	¥ 530,000	当 座 預 金	¥ 1,900,000	受 取 手 形	¥ 1,400,000
売 掛 金	1,500,000	貸倒引当金	30,000	有 価 証 券	1,590,000
繰 越 商 品	1,080,000	備　　　品	2,400,000	備品減価償却累計額	600,000
支 払 手 形	900,000	買 掛 金	920,000	借 入 金	1,400,000
従業員預り金	234,000	資 本 金	6,000,000	売　　　上	15,850,000
受取手数料	170,000	仕　　　入	11,960,000	給　　　料	2,460,000
支 払 家 賃	900,000	保 険 料	69,000	消 耗 品 費	123,000
租 税 公 課	58,000	雑　　　費	134,000		

付 記 事 項

① 　札幌商店に対する売掛金¥200,000 が当店の当座預金口座に振り込まれていたが，記帳していなかった。

計算整理事項

a．期末商品棚卸高　　　¥1,250,000

b．貸 倒 見 積 高　　　受取手形と売掛金の期末残高に対し，それぞれ3％と見積もり，貸倒引当金を設定する。

c．備品減価償却高　　　定率法により，毎期の償却率を25％とする。

d．有価証券評価高　　　有価証券は売買目的で保有している次の株式であり，時価によって評価する。

　　　　　　　　　　　　函館商事株式会社　300株　　時価　1株 ¥5,700

e．消耗品未使用高　　　¥ 31,000

f．家 賃 前 払 高　　　支払家賃のうち¥360,000 は，本年10月から翌年3月分までを支払ったものであり，前払高を次期に繰り延べる。

g．利 息 未 払 高　　　¥ 5,000

解答欄

総 勘 定 元 帳

損　　　　益　　　　　　　　32

12/31	仕　　　入		12/31	売　　　上	
〃	給　　　料		〃	受 取 手 数 料	
〃	（　　　　　）		〃	有価証券評価益	
〃	（　　　　　）				
〃	支 払 家 賃				
〃	保 険 料				
〃	消 耗 品 費				
〃	租 税 公 課				
〃	雑　　　費				
〃	（　　　　　）				
〃	（　　　　　）				

簿記実務検定

ステップバィステップ

13訂版

2 級 解 答

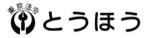

1 現金過不足の記帳

STEP 1 【p. 2】

	借　方	貸　方
(1)	現金過不足　25,000	現　　　金　25,000
(2)	消　耗　品　費　18,000	現金過不足　18,000
(3)	雑　　　　損　7,000	現金過不足　7,000
(4)	現金過不足　12,000	受　取　地　代　12,000
(5)	現金過不足　1,000	雑　　　益　1,000

♀ **解　説** ♀

　実際有高と帳簿残高を照合して，差異が発生していた場合には実際有高にあわせて修正する。このような現金の実際有高が帳簿残高より不足していたり，過剰であったりする状況を現金過不足といい，原因が判明するまで現金過不足勘定で処理する。

　調査の結果，現金過不足の原因が判明した場合には，その不足額または過剰額を現金過不足勘定から該当する勘定に振り替える。もし，決算日になってもその原因がわからない場合には，不足額は雑損勘定へ，過剰額は雑益勘定へ振り替える。

STEP 2 【p. 3】

	借　方	貸　方
(1)	発　送　費　6,000	現金過不足　6,000
(2)	雑　　　損　1,000	現金過不足　1,000
(3)	現金過不足　2,000	現　　　金　2,000
(4)	現金過不足　3,000	雑　　　益　3,000

♀ **解　説** ♀

(1) 「かねて調査中であった現金不足額」という文章から，♯6,000が現金過不足勘定で処理されていることを推察する。

2 当座預金と当座借越の記帳

STEP 1 【p. 4】

	借　方	貸　方
(1)	当　座　預　金　500,000	現　　　金　500,000
(2)	当　座　預　金　60,000	受取手数料　60,000
(3)	当　座　預　金　300,000	売　掛　金　300,000
(4)	現　　　金　200,000	当　座　預　金　200,000
(5)	買　掛　金　100,000	当　座　預　金　70,000
		当　座　借　越　30,000

♀ **解　説** ♀

(2) 第三者振り出しの小切手は現金勘定で処理する。

(3) 送金小切手は現金勘定で処理する。

(5) 当座預金勘定の残高♯70,000を超える額については，当座借越勘定で処理する。

STEP 2 【p. 5】

	借　方	貸　方
(1)	当　座　預　金　430,000	売　掛　金　430,000
(2)	買　掛　金　210,000	当　座　預　金　210,000
(3)	当　座　預　金　700,000	売　掛　金　700,000
(4)	買　掛　金　140,000	当　座　預　金　40,000
		当　座　借　越　100,000
(5)	社会保険料預り金　60,000	当　座　預　金　100,000
	法　定　福　利　費　70,000	当　座　借　越　30,000

♀ **解　説** ♀

(1) 第三者振り出しの小切手は現金勘定で処理するのが原則であるが，「ただちに当座預金に預け入れた」場合には，当座預金勘定で処理する。

(4) 当座預金勘定の残高♯40,000を超える額については，当座借越勘定で処理する。

(5) 従業員から預かっていた社会保険料については社会保険料預り金勘定で処理し，会社負担の社会保険料については法定福利費勘定で処理する。当座預金勘定の残高♯100,000を超える額については，当座借越勘定で処理する。

3 現金出納帳の記帳

STEP 1 【p. 6】

現　金　出　納　帳　　2

令和○年		摘　　　要	収　　入	支　　出	残　　高
		前ページから	500,000		500,000
1	15	広島商店に買掛金支払い		150,000	350,000
	29	岡山商店から売掛金回収	240,000		590,000
	31	**次 月 繰 越**		590,000	
			740,000	740,000	

4　当座預金出納帳の記帳

STEP 2【p. 7】

ア	￥ 100,000	イ	￥ 227,000

♀ 解　説 ♀

　1月1日の残高欄は借方残高￥80,000であるのに対し，1月5日の残高欄は貸方残高￥20,000となっているので，1月5日は￥100,000が当座預金から引き出されたことがわかる。摘要欄をみると浜松商店から商品を仕入れているので，1月5日には以下の仕訳がなされている。

　（借）仕　　　入　100,000　（貸）当座預金　80,000
　　　　　　　　　　　　　　　　　　当座借越　20,000

　一方，1月7日には売掛金￥247,000を回収して当座預金に預け入れている。このとき，当座借越￥20,000の返済にまずあてられることから，以下の仕訳がなされていることがわかる。

　（借）当座借越　20,000　（貸）売掛金　247,000
　　　　当座預金　227,000

5　受取手形や支払手形の記帳

STEP 1【p. 8】

	借　　方	貸　　方
(1)	当 座 預 金 449,000 手 形 売 却 損　 1,000	受 取 手 形 450,000
(2)	買　　　　掛　　金 200,000	受 取 手 形 200,000
(3)	仕　　　　　入 450,000	受 取 手 形 450,000
(4)	買　　　掛　　金 100,000	支 払 手 形 100,000

6　受取手形記入帳の記帳

STEP 1【p.10】

受 取 手 形 記 入 帳

令和 ○年		摘 要	金 額	手形 種類	手形 番号	支払人	振出人 または 裏書人	振出日		満期日		支払場所	て ん 末		
								月	日	月	日		月	日	摘 要
1	8	売 上	300,000	約手	5	香川商店	香川商店	1	8	3	8	全商銀行 関西支店	1	28	割引

7　支払手形記入帳の記帳

STEP 1【p.11】

支 払 手 形 記 入 帳

令和 ○年		摘 要	金 額	手形 種類	手形 番号	受取人	振出人	振出日		満期日		支払場所	て ん 末		
								月	日	月	日		月	日	摘 要
1	30	仕 入	320,000	約手	21	富山商店	当　店	1	30	4	30	全商銀行	4	30	支払い

♀ 解　説 ♀

(1)　手形の割引によって，手形債権は金融機関に移るので，受取手形勘定の貸方に記入する。また，手形を割り引いたさいには，割引日から支払期日までの利息相当額が手形金額が差し引かれるので，これを手形売却損勘定で処理する。

STEP 2【p. 9】

	借　　方	貸　　方
(1)	当 座 預 金 249,000 手 形 売 却 損　 1,000	受 取 手 形 250,000
(2)	仕　　　　　入 270,000	受 取 手 形 270,000
(3)	買　　　掛　　金 380,000	受 取 手 形 380,000
(4)	当 座 預 金 297,000 手 形 売 却 損　 3,000	受 取 手 形 300,000
(5)	買　　　掛　　金 210,000	受 取 手 形 210,000

♀ 解　説 ♀

(3)　手形の所持人は，仕入代金の支払いや買掛金の支払いなどのために支払期日前に手形を他人に譲り渡すことがある。これを手形の裏書譲渡といい，裏書譲渡によって手形債権は譲受人に移るので，受取手形勘定の貸方に記入する。(3)では手形債権は，当店から岩手商店に移ったことになる。このとき岩手商店では以下の仕訳がおこなわれている。

　（借）受取手形　380,000　（貸）売掛金　380,000

— 3 —

8 手形の書換

STEP 1 【p.12】

	借　　方	貸　　方
(1)	支 払 手 形 300,000 支 払 利 息 　 1,000	支 払 手 形 300,000 現 　 　 金 　 1,000
(2)	支 払 手 形 700,000 支 払 利 息 　 3,000	支 払 手 形 703,000
(3)	手形借入金 500,000 支 払 利 息 　 2,000	手形借入金 500,000 現 　 　 金 　 2,000

♀ 解　説 ♀
(3) 約束手形に振り出して金銭を借り入れた場合には，手形借入金勘定で処理する。一方，借用証書によって金銭を借り入れた場合には借入金勘定で処理する。

	借　　方	貸　　方
(1)	支 払 手 形 500,000 支 払 利 息 　 2,000	支 払 手 形 500,000 現 　 　 金 　 2,000
(2)	支 払 手 形 300,000 支 払 利 息 　 6,000	支 払 手 形 306,000
(3)	受 取 手 形 868,000	受 取 手 形 864,000 受 取 利 息 　 4,000
(4)	手形借入金 3,000,000 支 払 利 息 　 15,000	手形借入金 3,000,000 現 　 　 金 　 15,000

♀ 解　説 ♀
(3) 新しく受け取った約束手形の額面金額は，利息分*₩*4,000を含めて*₩*868,000だったので，古い手形の額面金額は*₩*864,000（＝*₩*868,000－*₩*4,000）と判明する。

9 手形の不渡り

STEP 1 【p.14】

	借　　方	貸　　方
(1)	不 渡 手 形 304,000	受 取 手 形 300,000 現 　 　 金 　 4,000
(2)	現 　 　 金 625,000	不 渡 手 形 620,000 受 取 利 息 　 5,000
(3)	貸倒引当金 203,000	不 渡 手 形 203,000

♀ 解　説 ♀
(1) 手もとの約束手形が支払期日に支払われないことを不渡りといい，不渡りとなった約束手形は償還請求費用や利息なども含めて不渡手形勘定で処理する。
(2) 不渡手形を回収できた場合，満期日以後の利息を受け取ることができ，受取利息勘定で処理する。
(3) 不渡手形は貸し倒れの可能性が高いため，貸倒引当金を設定する。不渡手形の金額が貸倒引当金勘定の残高を超える場合には，貸倒損失勘定（費用の勘定）で処理する。

STEP 2 【p.15】

	借　　方	貸　　方
(1)	現 　 　 金 733,000	不 渡 手 形 732,000 受 取 利 息 　 1,000
(2)	不 渡 手 形 614,000	受 取 手 形 610,000 現 　 　 金 　 4,000
(3)	貸倒引当金 254,000	不 渡 手 形 254,000
(4)	不 渡 手 形 1,203,000	当 座 預 金 1,203,000

♀ 解　説 ♀
(1) 不渡りとなった時点で以下の仕訳がおこなわれている。
　（借）不渡手形 732,000 （貸）受取手形 730,000
　　　　　　　　　　　　　　　　　現金など　 2,000
(4) 長野商事株式会社に受取手形を裏書譲渡して不渡りになった場合には，長野商事株式会社に対して手形代金*₩*1,200,000と利息を支払い，東商店に対して*₩*1,203,000の償還請求をおこなうことになる。

10 有価証券の取得や売却の記帳

STEP 1 【p.16】

	借　　方	貸　　方
(1)	現 　 　 金 600,000 有価証券売却損 50,000	有 価 証 券 650,000
(2)	有 価 証 券 1,920,000	当 座 預 金 1,920,000
(3)	当 座 預 金 980,000	有 価 証 券 960,000 有価証券売却益 20,000

♀ 解　説 ♀
(1) 売却価額から帳簿価額を差し引いて，有価証券売却損益を算定する。
　*₩*6,000×100株－*₩*6,500×100株＝－*₩*50,000
　（有価証券売却損）
(2) $₩2,000,000 × \frac{₩96}{₩100} = ₩1,920,000$
(3) $₩1,000,000 × \frac{₩98}{₩100} － ₩1,000,000 × \frac{₩96}{₩100}$
　$＝ ₩20,000$（有価証券売却益）

STEP 2 【p.17】

	借　　方	貸　　方
(1)	有 価 証 券 2,268,000	当 座 預 金 2,268,000
(2)	当 座 預 金 1,400,000	有 価 証 券 1,200,000 有価証券売却益 200,000
(3)	当 座 預 金 9,000,000	有 価 証 券 8,950,000 有価証券売却益 50,000

♀ 解　説 ♀
(1) 有価証券の取得原価には，買入手数料などの付随費用も含める。
(2) *₩*7,000×200株－*₩*6,000×200株＝*₩*200,000
　（有価証券売却益）
(3) *₩*90,000×100株－*₩*89,500×100株＝*₩*50,000
　（有価証券売却益）

11 個人企業の純資産の記帳

STEP 1 【p.18】

	借 方	貸 方
(1)	現 金 500,000	資 本 金 500,000
(2)	現 金 300,000	資 本 金 300,000
(3)	引 出 金 40,000 （または資本金）	現 金 40,000
(4)	引 出 金 10,000 （または資本金）	仕 入 10,000
(5)	資 本 金 70,000	引 出 金 70,000

♀ 解 説 ♀
(4) 当期に販売可能な商品を仕入れた場合には，仕入勘定で処理する。事業主が私用で商品を用いた場合，販売可能な商品が減少するため，仕入勘定の貸方に記入する。

STEP 2 【p.19】

	借 方	貸 方
(1)	現 金 800,000	資 本 金 800,000
(2)	現 金 850,000	資 本 金 850,000
(3)	引 出 金 20,000 （または資本金）	現 金 20,000
(4)	引 出 金 72,000 （または資本金）	現 金 72,000
(5)	引 出 金 6,000 （または資本金）	仕 入 6,000
(6)	資 本 金 50,000	引 出 金 50,000

♀ 解 説 ♀
(5) 引出金勘定に残高がある場合には，決算のさいに整理する。

12 個人企業の税金

STEP 1 【p.20】

	借 方	貸 方
(1)	引 出 金 400,000 （または資本金）	現 金 400,000
(2)	通 信 費 3,000 租 税 公 課 2,000 （または印紙税）	現 金 5,000
(3)	租 税 公 課 20,000 （または固定資産税）	現 金 20,000
(4)	仕 入 500,000 仮払消費税 50,000	買 掛 金 550,000
(5)	売 掛 金 770,000	売 上 700,000 仮受消費税 70,000

♀ 解 説 ♀
(1) 所得税は事業主個人の所得に課税された税金なので，引出金勘定または資本金勘定で処理する。

STEP 2 【p.21】

	借 方	貸 方
(1)	引 出 金 34,000 （または資本金）	現 金 34,000
(2)	租 税 公 課 7,000 （または印紙税）	現 金 7,000
(3)	租 税 公 課 250,000 （または固定資産税）	現 金 250,000
(4)	現 金 594,000	売 上 540,000 仮受消費税 54,000
(5)	仕 入 300,000 仮払消費税 24,000	買 掛 金 324,000

♀ 解 説 ♀
(4) 消費税額は売上には含まれないので，仮受消費税勘定で処理する。
(5) 消費税額は仕入には含まれないので，仮払消費税勘定で処理する。

13 費用の前払分の記帳

STEP 1 【p.22】

		借 方	貸 方
1	9/1	支払家賃 480,000	当座預金 480,000
	12/31	前払家賃 320,000	支払家賃 320,000
	12/31	損 益 160,000	支払家賃 160,000
	1/1	支払家賃 320,000	前払家賃 320,000
2	11/1	支払地代 30,000	当座預金 30,000
	12/31	前払地代 20,000	支払地代 20,000

♀ 解 説 ♀
2 翌期首には次の期首再振替仕訳をおこなう。
（借）支払地代 20,000 （貸）前払地代 20,000

STEP 2 【p.23】

1

	借 方	貸 方
10/1	保 険 料 24,000	当座預金 24,000
12/31	前払保険料 18,000	保 険 料 18,000
12/31	損 益 6,000	保 険 料 6,000
1/1	保 険 料 18,000	前払保険料 18,000

保 険 料

10/1 当座預金	24,000	12/31 前払保険料	18,000
		〃 損 益	6,000
	24,000		24,000
1/1 前払保険料	18,000		

前 払 保 険 料

12/31 保険料	18,000	12/31 次期繰越	18,000
1/1 前期繰越	18,000	1/1 保険料	18,000

2

12/31	前払保険料 161,000	保 険 料 161,000

— 5 —

2 $ ¥276,000 \times \dfrac{7\text{か月}}{12\text{か月}} = ¥161,000 $

14　収益の前受分の記帳

		借　　　方		貸　　　方	
1	10/1	当座預金	36,000	受取地代	36,000
	12/31	受取地代	27,000	前受地代	27,000
	12/31	受取地代	9,000	損　益	9,000
	1/1	前受地代	27,000	受取地代	27,000
2	11/1	当座預金	60,000	受取利息	60,000
	12/31	受取利息	20,000	前受利息	20,000

♀ 解　説 ♀

2 $ ¥60,000 \times \dfrac{1\text{か月}}{3\text{か月}} = ¥20,000 $（前受利息）

1.

	借　　　方		貸　　　方	
10/1	現　金	30,000	受取利息	30,000
12/31	受取利息	15,000	前受利息	15,000
12/31	受取利息	15,000	損　益	15,000
1/1	前受利息	15,000	受取利息	15,000

♀ 解　説 ♀

$ ¥30,000 \times \dfrac{3\text{か月}}{6\text{か月}} = ¥15,000 $（前受利息）

2

	借　　　方		貸　　　方	
a	受取利息	38,000	前受利息	38,000
b	受取家賃	46,000	前受家賃	46,000

3

借　　　方		貸　　　方	
前受家賃	124,000	受取家賃	124,000

♀ 解　説 ♀

前期の期末には以下の決算整理仕訳がおこなわれている。

（借）受取家賃　124,000　（貸）前受家賃　124,000

15　費用の未払分の記帳

		借　　　方		貸　　　方	
1	10/1	支払利息	360,000	当座預金	360,000
	12/31	支払利息	270,000	未払利息	270,000
	12/31	損　益	630,000	支払利息	630,000
	1/1	未払利息	270,000	支払利息	270,000
2	11/1	支払家賃	280,000	現　金	280,000
	12/31	支払家賃	210,000	未払家賃	210,000

♀ 解　説 ♀

2 $ ¥280,000 \times \dfrac{3\text{か月}}{4\text{か月}} = ¥210,000 $（未払家賃）

1

	借　　　方		貸　　　方	
2/1	支払家賃	900,000	現　金	900,000
12/31	支払家賃	90,000	未払家賃	90,000
〃	損　益	990,000	支払家賃	990,000
1/1	未払家賃	90,000	支払家賃	90,000

支　払　家　賃

2/1 現　金	900,000	12/31 損　益	990,000
12/1 未払家賃	90,000		
	990,000		990,000
		1/1 未払家賃	90,000

未　払　家　賃

12/31 次期繰越	90,000	12/31 支払家賃	90,000
1/1 支払家賃	90,000	1/1 前期繰越	90,000

2

借　　　方		貸　　　方	
支払家賃	65,000	未払家賃	65,000

16　収益の未収分の記帳

		借　　　方		貸　　　方	
1	10/31	現　金	90,000	受取地代	90,000
	12/31	未収地代	60,000	受取地代	60,000
	12/31	受取地代	150,000	損　益	150,000
	1/1	受取地代	60,000	未収地代	60,000
2	10/31	現　金	48,000	受取利息	48,000
	12/31	未収利息	24,000	受取利息	24,000

♀ 解　説 ♀

2 翌期首には次の期首再振替仕訳をおこなう。

（借）受取利息　24,000　（貸）未収利息　24,000

		借　　　方		貸　　　方	
1	10/31	現　金	120,000	受取家賃	120,000
	12/31	未収家賃	80,000	受取家賃	80,000
	12/31	受取家賃	200,000	損　益	200,000
	1/1	受取家賃	80,000	未収家賃	80,000

2

借　　　方		貸　　　方	
未収利息	8,000	受取利息	8,000

♀ 解　説 ♀

翌期首には次の期首再振替仕訳をおこなう。

（借）受取利息　8,000　（貸）未収利息　8,000

3

借　　　方		貸　　　方	
受取家賃	250,000	未収家賃	250,000

♀ 解　説 ♀

前期末には次の決算整理仕訳がおこなわれている。

（借）未収家賃　250,000　（貸）受取家賃　250,000

17 消耗品と貯蔵品の処理

STEP 1 【p.30】

	借 方		貸 方	
(1)	消耗品費	40,000	現 金	40,000
(2)	租税公課	5,000	現 金	9,000
	通 信 費	4,000		
(3)	消 耗 品	3,000	消耗品費	3,000
(4)	貯 蔵 品	3,000	租税公課	2,000
			通 信 費	1,000

♀ **解 説** ♀

(1) 事務用の消耗品などを購入したときには，消耗品費勘定で処理する。

(2) 収入印紙を購入したときには租税公課勘定で処理し，郵便切手を購入したときには通信費勘定で処理する。

(4) 未使用の収入印紙や郵便切手については換金性が高いため，決算のさいに貯蔵品勘定に振り替える。

STEP 2 【p.31】

1

借 方		貸 方	
消 耗 品	32,000	消耗品費	32,000

2

	借 方		貸 方	
a	消 耗 品	14,000	消耗品費	14,000
b	貯 蔵 品	18,000	通 信 費	12,000
			租 税 公 課	6,000

♀ **解 説** ♀

a．決算のさいに未使用の消耗品については，消耗品費勘定から消耗品勘定に振り替える。この結果，損益計算書には使用した消耗品の金額が消耗品費として表示されることになる。

b．決算のさいに未使用の郵便切手と未使用の収入印紙については，それぞれ通信費勘定と租税公課勘定から貯蔵品勘定に振り替える。この結果，損益計算書には，使用した郵便切手の金額が通信費として表示され，使用した収入印紙の金額が租税公課として表示されることになる。

18 精算表(1)—見越し・繰り延べ

STEP 1 【p.33】

精 算 表
令和○年12月31日

勘定科目	残高試算表 借方	残高試算表 貸方	整理記入 借方	整理記入 貸方	損益計算書 借方	損益計算書 貸方	貸借対照表 借方	貸借対照表 貸方
現 金	1,100,000						1,100,000	
売 掛 金	650,000						650,000	
貸倒引当金		3,000		10,000				13,000
繰越商品	200,000		250,000	200,000			250,000	
買 掛 金		440,000						440,000
資 本 金		1,000,000						1,000,000
売 上		1,700,000				1,700,000		
受取家賃		150,000	75,000			75,000		
仕 入	1,020,000		200,000	250,000	970,000			
給 料	200,000				200,000			
保 険 料	120,000			30,000	90,000			
雑 費	10,000				10,000			
現金過不足		7,000	7,000					
	3,300,000	3,300,000						
貸倒引当金繰入			10,000		10,000			
前払保険料			30,000				30,000	
前受家賃				75,000				75,000
雑 益				7,000		7,000		
当期純利益					502,000			502,000
			572,000	572,000	1,782,000	1,782,000	2,030,000	2,030,000

☙ 解 説 ☙

決算整理仕訳は次のとおりである。

	借 方		貸 方	
a	仕 入	200,000	繰 越 商 品	200,000
	繰 越 商 品	250,000	仕 入	250,000
b	貸倒引当金繰入	10,000	貸倒引当金	10,000
c	前 払 保 険 料	30,000	保 険 料	30,000
d	受 取 家 賃	75,000	前 受 家 賃	75,000
e	現 金 過 不 足	7,000	雑 益	7,000

STEP 2 【p.34】

1

精　算　表

令和○年12月31日

勘 定 科 目	残 高 試 算 表 借 方	貸 方	整 理 記 入 借 方	貸 方	損 益 計 算 書 借 方	貸 方	貸 借 対 照 表 借 方	貸 方
現 金	1,722,000						1,722,000	
当 座 預 金	637,000						637,000	
売 掛 金	2,400,000						2,400,000	
貸 倒 引 当 金		21,000		3,000				24,000
繰 越 商 品	595,000		560,000	595,000			560,000	
買 掛 金		2,040,000						2,040,000
資 本 金		3,000,000	200,000					2,800,000
引 出 金	200,000			200,000				
売 上		6,779,000				6,779,000		
受 取 利 息		160,000		5,000		165,000		
仕 入	5,326,000		595,000	560,000	5,361,000			
給 料	709,000				709,000			
保 険 料	126,000			30,000	96,000			
消 耗 品 費	140,000			23,000	117,000			
雑 費	145,000				145,000			
	12,000,000	12,000,000						
貸倒引当金繰入			3,000		3,000			
消 耗 品			23,000				23,000	
前 払 保 険 料			30,000				30,000	
（未 収）利 息			5,000				5,000	
当 期 純 利 益					513,000			513,000
			1,416,000	1,416,000	6,944,000	6,944,000	5,377,000	5,377,000

☙ 解 説 ☙

決算整理仕訳は次のとおりである。

	借 方		貸 方	
a	仕 入	595,000	繰 越 商 品	595,000
	繰 越 商 品	560,000	仕 入	560,000
b	貸倒引当金繰入	3,000	貸倒引当金	3,000
c	消 耗 品	23,000	消 耗 品 費	23,000
d	前 払 保 険 料	30,000	保 険 料	30,000
e	未 収 利 息	5,000	受 取 利 息	5,000
f	資 本 金	200,000	引 出 金	200,000

【p.35】

2

精 算 表

令和○年12月31日

勘定科目	残高試算表 借方	残高試算表 貸方	整理記入 借方	整理記入 貸方	損益計算書 借方	損益計算書 貸方	貸借対照表 借方	貸借対照表 貸方
現　　　金	3,920,000						3,920,000	
当 座 預 金	2,406,000						2,406,000	
受 取 手 形	600,000						600,000	
売 　掛　 金	800,000						800,000	
貸倒引当金		8,000		6,000				14,000
繰 越 商 品	520,000		650,000	520,000			650,000	
買 　掛　 金		2,349,000						2,349,000
資 　本　 金		5,000,000						5,000,000
売　　　上		7,411,000				7,411,000		
受 取 地 代		156,000	12,000			144,000		
受 取 利 息		25,000		5,000		30,000		
仕　　　入	5,560,000		520,000	650,000	5,430,000			
給　　　料	539,000				539,000			
支 払 家 賃	540,000				540,000			
消 耗 品 費	64,000			3,000	61,000			
	14,949,000	14,949,000						
貸倒引当金繰入			6,000		6,000			
消 　耗　 品			3,000				3,000	
前 受 地 代				12,000				12,000
（未収）利息			5,000				5,000	
当 期 純 利 益					**1,009,000**			1,009,000
			1,196,000	1,196,000	7,585,000	7,585,000	8,384,000	8,384,000

♀ **解　説** ♀

決算整理仕訳は次のとおりである。

	借　　　方		貸　　　方	
a	仕　　　入	520,000	繰 越 商 品	520,000
	繰 越 商 品	650,000	仕　　　入	650,000
b	貸倒引当金繰入	6,000	貸 倒 引 当 金	6,000
c	消 　耗　 品	3,000	消 耗 品 費	3,000
d	受 取 地 代	12,000	前 受 地 代	12,000
e	未 収 利 息	5,000	受 取 利 息	5,000

19　有価証券の評価

STEP 1 【p.36】

1

	借　　　方		貸　　　方	
4/20	有 価 証 券	4,800,000	当 座 預 金	4,800,000
9/15	当 座 預 金	3,900,000	有 価 証 券	3,600,000
			有価証券売却益	300,000
12/31	有価証券評価損	80,000	有 価 証 券	80,000

♀ **解　説** ♀

12/31　￥5,600×200株－￥6,000×200株
　　　＝－￥80,000（有価証券評価損）

2

	借　　　方		貸　　　方	
10/1	有 価 証 券	2,800,000	当 座 預 金	2,800,000
12/31	有 価 証 券	200,000	有価証券評価益	200,000

♀ **解　説** ♀

12/31　￥30,000×100株－￥28,000×100株
　　　＝￥200,000（有価証券評価益）

STEP 2 【p.37】

1

借　　　方		貸　　　方	
有 価 証 券	100,000	有価証券評価益	100,000

♀ **解　説** ♀

￥3,100×500株－￥1,450,000＝￥100,000
（有価証券評価益）

2

借　　　方		貸　　　方	
有価証券評価損	60,000	有 価 証 券	60,000

♀ **解　説** ♀

￥6,400×200株－￥1,340,000＝－￥60,000
（有価証券評価損）

3

借　　　　方	貸　　　　方
有 価 証 券　90,000	有価証券評価益　90,000

♀ **解　説** ♀

¥5,700×300株－¥5,400×300株＝¥90,000
（有価証券評価益）

20　間接法による減価償却

(STEP　1)　【p.38】

1

	借　　　方	貸　　　方
直接法	減価償却費　36,000	備　　品　36,000
間接法	減価償却費　36,000	備品減価償却累計額　36,000

♀ **解　説** ♀

減価償却費の計算　　$\dfrac{¥600,000-¥60,000}{15年}=¥36,000$

2

	借　　　方	貸　　　方
12/31	減価償却費　450,000	備品減価償却累計額　450,000
〃	損　　益　450,000	減価償却費　450,000

備　　　　　　品	
1/1 前期繰越 2,400,000	12/31 次期繰越 2,400,000
1/1 前期繰越 2,400,000	

備品減価償却累計額	
12/31 次期繰越 1,050,000	1/1 前期繰越　600,000
	12/31 損　　益　450,000
1,050,000	1,050,000
	1/1 前期繰越 1,050,000

減　価　償　却　費	
12/31 備品減価償却累計額 450,000	12/31 損　　益　450,000

♀ **解　説** ♀

間接法では減価償却費を減価償却費勘定の借方と備品減価償却累計額勘定の貸方に記入する。
（¥2,400,000－¥600,000）×25％＝¥450,000

(STEP　2)　【p.39】

1

借　　　方	貸　　　方
減 価 償 却 費　240,000	備品減価償却累計額　240,000

♀ **解　説** ♀

（¥1,200,000－¥240,000）×25％＝¥240,000

2

借　　　方	貸　　　方
減 価 償 却 費　350,000	備品減価償却累計額　350,000

♀ **解　説** ♀

減価償却費の計算　　$\dfrac{¥2,800,000-¥0}{8年}=¥350,000$

3

借　　　方	貸　　　方
減 価 償 却 費　200,000	建物減価償却累計額　200,000
減 価 償 却 費　192,000	備品減価償却累計額　192,000

♀ **解　説** ♀

建物の減価償却費の計算

　$\dfrac{¥4,000,000-¥0}{20年}=¥200,000$

備品の減価償却費の計算

　（¥1,200,000－¥240,000）×20％＝¥192,000

21 精算表(2)―有価証券・減価償却

STEP 1 【p.41】

精 算 表

令和○年12月31日

勘定科目	残高試算表 借方	残高試算表 貸方	整理記入 借方	整理記入 貸方	損益計算書 借方	損益計算書 貸方	貸借対照表 借方	貸借対照表 貸方
現　　　　金	470,000						470,000	
売　掛　金	1,100,000						1,100,000	
貸倒引当金		9,000		13,000				22,000
有価証券	300,000			50,000			250,000	
繰越商品	190,000		180,000	190,000			180,000	
備　　　品	250,000						250,000	
備品減価償却累計額		50,000		25,000				75,000
支払手形		600,000						600,000
資　本　金		1,000,000	50,000					950,000
引　出　金	50,000			50,000				
売　　　上		2,149,000				2,149,000		
仕　　　入	1,308,000		190,000	180,000	1,318,000			
給　　　料	140,000				140,000			
	3,808,000	3,808,000						
貸倒引当金繰入			13,000		13,000			
減価償却費			25,000		25,000			
有価証券評価損			50,000		50,000			
当期純利益					**603,000**			603,000
			508,000	508,000	2,149,000	2,149,000	2,250,000	2,250,000

♀ 解 説 ♀

決算整理仕訳は次のとおりである。

	借　　　方	貸　　　方
a	仕　　　　入 190,000	繰 越 商 品 190,000
	繰 越 商 品 180,000	仕　　　　入 180,000
b	貸倒引当金繰入 13,000	貸 倒 引 当 金 13,000
c	減 価 償 却 費 25,000	備品減価償却累計額 25,000
d	有価証券評価損 50,000	有 価 証 券 50,000
e	資　本　金 50,000	引　出　金 50,000

STEP 2 【p.42】

1

精 算 表
令和○年12月31日

勘定科目	残高試算表 借方	残高試算表 貸方	整理記入 借方	整理記入 貸方	損益計算書 借方	損益計算書 貸方	貸借対照表 借方	貸借対照表 貸方
現　　　金	1,804,000						1,804,000	
売　掛　金	2,400,000						2,400,000	
貸倒引当金		13,000		35,000				48,000
有価証券	750,000		50,000				800,000	
繰越商品	845,000		900,000	845,000			900,000	
備　　　品	900,000						900,000	
備品減価償却累計額		450,000		90,000				540,000
買　掛　金		1,532,000						1,532,000
資　本　金		4,000,000						4,000,000
売　　　上		2,313,000				2,313,000		
仕　　　入	1,350,000		845,000	900,000	1,295,000			
支払家賃	220,000				220,000			
保　険　料	39,000			3,000	36,000			
	8,308,000	8,308,000						
貸倒引当金繰入			35,000		35,000			
減価償却費			90,000		90,000			
有価証券評価益				50,000		50,000		
前払保険料			3,000				3,000	
当期純利益					687,000			687,000
			1,923,000	1,923,000	2,363,000	2,363,000	6,807,000	6,807,000

♀ **解 説** ♀

決算整理仕訳は次のとおりである。

	借　　方	貸　　方
a	仕　　　入　845,000	繰越商品　845,000
	繰越商品　900,000	仕　　　入　900,000
b	貸倒引当金繰入　35,000	貸倒引当金　35,000
c	減価償却費　90,000	備品減価償却累計額　90,000
d	有価証券　50,000	有価証券評価益　50,000
e	前払保険料　3,000	保　険　料　3,000

2

精　算　表

令和○年12月31日

勘定科目	残高試算表 借方	残高試算表 貸方	整理記入 借方	整理記入 貸方	損益計算書 借方	損益計算書 貸方	貸借対照表 借方	貸借対照表 貸方
現　　　金	210,000						210,000	
当 座 預 金	1,240,000						1,240,000	
売 　掛　 金	1,400,000						1,400,000	
貸 倒 引 当 金		10,000		4,000				14,000
有 価 証 券	370,000		30,000				400,000	
繰 越 商 品	590,000		570,000	590,000			570,000	
備　　　品	360,000						360,000	
備品減価償却累計額		72,000		72,000				144,000
支 払 手 形		1,518,000						1,518,000
資 　本　 金		1,000,000						1,000,000
売　　　上		7,400,000				7,400,000		
仕　　　入	5,200,000		590,000	570,000	5,220,000			
給　　　料	510,000		19,000		529,000			
保 　険　 料	48,000			20,000	28,000			
雑　　　費	72,000				72,000			
	10,000,000	10,000,000						
貸倒引当金繰入			4,000		4,000			
減 価 償 却 費			72,000		72,000			
有価証券評価益				30,000		30,000		
前 払 保 険 料			20,000				20,000	
未 払 給 料				19,000				19,000
当 期 純 利 益					1,505,000			1,505,000
			1,305,000	1,305,000	7,430,000	7,430,000	4,200,000	4,200,000

♀ **解　説** ♀

決算整理仕訳は次のとおりである。

	借　　　方	貸　　　方
a	仕　　　　　入 590,000	繰 越 商 品 590,000
	繰 越 商 品 570,000	仕　　　　　入 570,000
b	貸倒引当金繰入 4,000	貸 倒 引 当 金 4,000
c	有 価 証 券 30,000	有価証券評価益 30,000
d	前 払 保 険 料 20,000	保　　険　　料 20,000
e	給　　　　　料 19,000	未 払 給 料 19,000

22 損益勘定の記入

STEP 1 【p.45】

	損		益	
12/31 仕　　　入	4,220,000	12/31 売　　　上	5,200,000
〃 発 送 費	150,000	〃 受取手数料	120,000
〃 貸倒引当金繰入	24,000	〃 有価証券評価益	100,000
〃 減価償却費	300,000	〃 固定資産売却益	30,000
〃 支払家賃	200,000		
〃 保 険 料	228,000		
〃 消 耗 品 費	31,000		
〃 雑　　　費	45,000		
〃 支払利息	13,000		
〃 資 本 金	239,000		
	5,450,000		5,450,000

STEP 2 【p.46】

1

	損		益	
12/31 仕　　　入	12,410,000	12/31 売　　　上	17,200,000
〃 給　　　料	2,328,000	〃 受取手数料	193,000
〃 貸倒引当金繰入	41,000	〃 受取利息	14,000
〃 減価償却費	675,000	〃 有価証券評価益	60,000
〃 支払家賃	708,000		
〃 保 険 料	233,000		
〃 消 耗 品 費	53,000		
〃 雑　　　費	37,000		
〃 資 本 金	982,000		
	17,467,000		17,467,000

♀ **解 説** ♀
決算整理仕訳は次のとおりである。

	借　　　方		貸　　　方	
a	仕　　　入	1,240,000	繰 越 商 品	1,240,000
	繰 越 商 品	1,370,000	仕　　　入	1,370,000
b	貸倒引当金繰入	41,000	貸 倒 引 当 金	41,000
c	減価償却費	675,000	備品減価償却累計額	675,000
d	有 価 証 券	60,000	有価証券評価益	60,000
e	消 耗 品	26,000	消 耗 品 費	26,000
f	前払保険料	39,000	保 険 料	39,000
g	未 収 利 息	14,000	受 取 利 息	14,000

損益勘定で算出された当期純利益は資本金勘定に振り替えられる。

（借）損　　　益　982,000　（貸）資本金　982,000

2 【p.47】

	損		益	31
12/31 仕　　　入	12,200,000	12/31 売　　　上	16,905,000
〃 給　　　料	2,142,000	〃 受取手数料	123,000
〃 発 送 費	361,000	〃 有価証券評価益	105,000
〃 貸倒引当金繰入	26,000	〃 固定資産売却益	67,000
〃 減価償却費	625,000		
〃 支払家賃	756,000		
〃 保 険 料	183,000		
〃 消 耗 品 費	85,000		
〃 雑　　　費	29,000		
〃 支払利息	30,000		
〃 資 本 金	763,000		
	17,200,000		17,200,000

♀ **解 説** ♀
最初に付記事項による修正仕訳をおこなう。
（借）発 送 費　16,000　（貸）雑　　　費　16,000
決算整理仕訳は次のとおりである。

	借　　　方		貸　　　方	
a	仕　　　入	1,240,000	繰 越 商 品	1,240,000
	繰 越 商 品	1,520,000	仕　　　入	1,520,000
b	貸倒引当金繰入	26,000	貸 倒 引 当 金	26,000
c	減価償却費	625,000	備品減価償却累計額	625,000
d	有 価 証 券	105,000	有価証券評価益	105,000
e	消 耗 品	9,000	消 耗 品 費	9,000
f	前払保険料	45,000	保 険 料	45,000
g	支 払 利 息	10,000	未 払 利 息	10,000

損益勘定で算出された当期純利益は資本金勘定に振り替えられる。

（借）損　　　益　763,000　（貸）資本金　763,000

23 損益計算書のつくりかた

STEP 1 【p.49】

損 益 計 算 書

令和○年1月1日から

山口商店　　令和○年12月31日まで　　（単位：円）

費 用	金 額	収 益	金 額
売 上 原 価	750,000	売 上 高	1,386,000
給　　　料	105,000	受取手数料	22,000
貸倒引当金繰入	8,000		
減価償却費	9,000		
支 払 家 賃	12,000		
保 険 料	54,000		
消 耗 品 費	5,000		
雑　　　費	8,000		
支 払 利 息	24,000		
有価証券評価損	30,000		
当 期 純 利 益	**403,000**		
	1,408,000		1,408,000

♀ 解 説 ♀

決算整理仕訳は次のとおりである。

	借　　方	貸　　方
a	仕　　　　入 240,000	繰 越 商 品 240,000
	繰 越 商 品 360,000	仕　　　　入 360,000
b	貸倒引当金繰入 8,000	貸 倒 引 当 金 8,000
c	減 価 償 却 費 9,000	備品減価償却累計額 9,000
d	有価証券評価損 30,000	有 価 証 券 30,000
e	前 払 保 険 料 18,000	保　　険　　料 18,000
f	支 払 利 息 19,000	未 払 利 息 19,000
g	消　耗　品 2,000	消 耗 品 費 2,000
h	未 収 手 数 料 12,000	受 取 手 数 料 12,000
i	資　本　金 50,000	引　出　金 50,000

STEP 2 【p.50】

1
損 益 計 算 書
令和○年1月1日から
宮城商店　　令和○年12月31日まで　　（単位：円）

費　用	金　額	収　益	金　額
売 上 原 価	6,162,000	売　上　高	8,638,000
給　　料	895,000	受 取 手 数 料	45,000
貸倒引当金繰入	46,000		
減 価 償 却 費	160,000		
支 払 家 賃	420,000		
保　険　料	60,000		
広　告　料	420,000		
消 耗 品 費	85,000		
支 払 利 息	25,000		
有価証券評価損	120,000		
当 期 純 利 益	**290,000**		
	8,683,000		8,683,000

2　【p.51】

(1)
受 取 利 息

12/31 損　益	60,000	9/30 現　金	48,000
		12/31 未収利息	12,000
	60,000		60,000

(2)
損 益 計 算 書
令和○年1月1日から
秋田商店　　令和○年12月31日まで　　（単位：円）

費　用	金　額	収　益	金　額
売 上 原 価	6,620,000	売　上　高	9,750,000
給　　料	1,270,000	受 取 利 息	60,000
貸倒引当金繰入	20,000		
減 価 償 却 費	180,000		
支 払 家 賃	420,000		
保　険　料	42,000		
広　告　料	298,000		
雑　　費	60,000		
支 払 利 息	35,000		
有価証券評価損	150,000		
当 期 純 利 益	**715,000**		
	9,810,000		9,810,000

♀ 解 説 ♀

(1) 受取利息勘定は収益の勘定なので，損益勘定に振り替える。

(2) 決算整理仕訳は次のとおりである。

	借　　方	貸　　方
a	仕　　　　入 1,240,000	繰 越 商 品 1,240,000
	繰 越 商 品 1,200,000	仕　　　　入 1,200,000
b	貸倒引当金繰入 20,000	貸 倒 引 当 金 20,000
c	減 価 償 却 費 180,000	備品減価償却累計額 180,000
d	有価証券評価損 150,000	有 価 証 券 150,000
e	未 収 利 息 12,000	受 取 利 息 12,000
f	前 払 保 険 料 7,000	保　　険　　料 7,000

3　【p.52】

損 益 計 算 書
令和○年1月1日から
東北商店　　令和○年12月31日まで　　（単位：円）

費　用	金　額	収　益	金　額
売 上 原 価	14,882,000	売　上　高	21,980,000
給　　料	5,280,000	受 取 手 数 料	196,000
貸倒引当金繰入	36,000		
減 価 償 却 費	350,000		
支 払 家 賃	780,000		
保　険　料	183,000		
消 耗 品 費	54,000		
雑　　費	96,000		
支 払 利 息	45,000		
有価証券評価損	60,000		
当 期 純 利 益	**410,000**		
	22,176,000		22,176,000

♀ 解 説 ♀

決算整理仕訳は次のとおりである。

	借　　方	貸　　方
a	仕　　　　入 1,470,000	繰 越 商 品 1,470,000
	繰 越 商 品 1,720,000	仕　　　　入 1,720,000
b	貸倒引当金繰入 36,000	貸 倒 引 当 金 36,000
c	減 価 償 却 費 350,000	備品減価償却累計額 350,000
d	有価証券評価損 60,000	有 価 証 券 60,000
e	消　耗　品 32,000	消 耗 品 費 32,000
f	前 払 保 険 料 45,000	保　　険　　料 45,000
g	支 払 家 賃 65,000	未 払 家 賃 65,000

4 【p.53】

損　益　計　算　書

令和○年1月1日から

岡山商店　　令和○年12月31日まで　　（単位：円）

費　　用	金　　額	収　　益	金　　額
売上売上原価	17,240,000	売　上　高	21,701,000
給　　料	1,794,000	有価証券売却益	52,000
貸倒引当金繰入	41,000	有価証券評価益	60,000
減価償却費	552,000		
支払家賃	822,000		
保　険　料	141,000		
消耗品費	16,000		
雑　　費	80,000		
支払利息	108,000		
当期純利益	1,019,000		
	21,813,000		21,813,000

5 【p.54】

損　益　計　算　書

令和○年1月1日から

東京商店　　令和○年12月31日まで　　（単位：円）

費　　用	金　　額	収　　益	金　　額
売上原価	14,560,000	売　上　高	19,600,000
給　　料	4,164,000	受取手数料	129,000
貸倒引当金繰入	79,000		
減価償却費	225,000		
保　険　料	167,000		
消耗品費	98,000		
雑　　費	200,000		
有価証券評価損	72,000		
当期純利益	164,000		
	19,729,000		19,729,000

24　貸借対照表のつくりかた

STEP 1 【p.57】

貸　借　対　照　表

岡山商店　　令和○年12月31日　　（単位：円）

資　　産		金　　額	負債および純資産	金　　額
現　　金		200,000	支払手形	1,200,000
当座預金		1,200,000	買　掛　金	850,000
売掛金	1,600,000		借　入　金	260,000
貸倒引当金	80,000	1,520,000	未払利息	22,000
有価証券		700,000	資　本　金	2,600,000
商　　品		900,000	当期純利益	568,000
前払保険料		160,000		
未収手数料		120,000		
備　　品	1,000,000			
減価償却累計額	300,000	700,000		
		5,500,000		5,500,000

6 【p.55】

損　益　計　算　書

令和○年1月1日から

山梨商店　　令和○年12月31日まで　　（単位：円）

費　　用	金　　額	収　　益	金　　額
売上原価	13,816,000	売　上　高	19,421,000
給　　料	3,582,000	受取手数料	52,000
貸倒引当金繰入	72,000	有価証券評価益	40,000
減価償却費	150,000		
支払家賃	1,020,000		
保　険　料	153,000		
消耗品費	68,000		
雑　　費	46,000		
支払利息	12,000		
当期純利益	**594,000**		
	19,513,000		19,513,000

💡 解　説 💡

決算整理よりも先に付記事項による修正をおこなう。

（借）当座預金 160,000　（貸）売掛金 160,000

決算整理仕訳は次のとおりである。

	借　　方		貸　　方	
a	仕　　入	1,620,000	繰越商品	1,620,000
	繰越商品	1,728,000	仕　　入	1,728,000
b	貸倒引当金繰入	72,000	貸倒引当金	72,000
c	減価償却費	150,000	備品減価償却累計額	150,000
d	有価証券	40,000	有価証券評価益	40,000
e	消耗品	23,000	消耗品費	23,000
f	前払保険料	39,000	保険料	39,000
g	支払利息	4,000	未払利息	4,000

💡 解　説 💡

決算整理仕訳は次のとおりである。

	借　　方		貸　　方	
a	仕　　入	860,000	繰越商品	860,000
	繰越商品	900,000	仕　　入	900,000
b	貸倒引当金繰入	12,000	貸倒引当金	12,000
c	減価償却費	100,000	備品減価償却累計額	100,000
d	有価証券	100,000	有価証券評価益	100,000
e	前払保険料	160,000	保険料	160,000
f	支払利息	22,000	未払利息	22,000
g	未収手数料	120,000	受取手数料	120,000

b. 貸倒引当金繰入

¥1,600,000×5% − ¥68,000 ＝ ¥12,000

1

(1)

	借　　　方		貸　　　方	
a	仕　　　入	1,150,000	繰 越 商 品	1,150,000
	繰 越 商 品	1,160,000	仕　　　入	1,160,000
b	貸倒引当金繰入	12,000	貸 倒 引 当 金	12,000
c	減 価 償 却 費	135,000	備品減価償却累計額	135,000
d	受 取 利 息	5,000	前 受 利 息	5,000
e	支 払 家 賃	30,000	未 払 家 賃	30,000
f	前払保険料	10,000	保　険　料	10,000

(2)

貸 借 対 照 表

群馬商店　　　令和○年12月31日　　　（単位：円）

資　　産	金　額		負債および純資産	金　額
現　　金		369,000	買 掛 金	1,210,000
売掛金 1,350,000			前 受 金	125,000
貸倒引当金 27,000	1,323,000		前 受 利 息	5,000
商　　品		1,160,000	未 払 家 賃	30,000
貸 付 金		700,000	資 本 金	3,000,000
前払保険料		10,000	当期純利益	287,000
備　　品 1,500,000				
減価償却累計額 405,000	1,095,000			
		4,657,000		4,657,000

f. 前払保険料　$¥30,000 \times \dfrac{4か月}{12か月} = ¥10,000$

2 【p.59】

(1)

有 価 証 券

2/7 当座預金	1,260,000	12/31 有価証券評価損	140,000
		〃　　次期繰越	1,120,000
	1,260,000		1,260,000

支 払 家 賃

10/31 現　　金	310,000	1/1 損　　益	372,000
12/31 未払家賃	62,000	〃	
	372,000		372,000

貸 借 対 照 表

高知商店　　　令和○年12月31日

資　　産	金　額		負債および純資産	金　額
現　　金		514,000	買 掛 金	2,970,000
当 座 預 金		1,330,000	所得税預り金	23,000
売掛金 3,400,000			未 払 家 賃	62,000
貸倒引当金 34,000	3,366,000		資 本 金	6,000,000
有 価 証 券		1,120,000	当期純利益	174,000
商　　品		1,460,000		
消 耗 品		105,000		
貸 付 金		800,000		
前払保険料		9,000		
備　　品 1,200,000				
減価償却累計額 675,000	525,000			
		9,229,000		9,229,000

決算整理仕訳は次のとおりである。

	借　　　方		貸　　　方	
a	仕　　　入	1,410,000	繰 越 商 品	1,410,000
	繰 越 商 品	1,460,000	仕　　　入	1,460,000
b	貸倒引当金繰入	31,000	貸 倒 引 当 金	31,000
c	減 価 償 却 費	135,000	備品減価償却累計額	135,000
d	有価証券評価損	140,000	有 価 証 券	140,000
e	支 払 家 賃	62,000	未 払 家 賃	62,000
f	前払保険料	9,000	保　険　料	9,000
g	消 耗 品	105,000	消 耗 品 費	105,000

3 【p.60】

(1)

	借　　　方		貸　　　方	
a	仕　　　入	1,200,000	繰 越 商 品	1,200,000
	繰 越 商 品	1,520,000	仕　　　入	1,520,000
b	貸倒引当金繰入	26,000	貸 倒 引 当 金	26,000
c	減 価 償 却 費	625,000	備品減価償却累計額	625,000
d	有 価 証 券	100,000	有価証券評価益	100,000
e	消 耗 品	12,000	消 耗 品 費	12,000
f	前払保険料	45,000	保　険　料	45,000

(2)

繰 越 商 品

1/1 前期繰越	1,200,000	12/31 仕　　入	1,200,000
12/31 仕　　入	1,520,000	〃　次期繰越	1,520,000
	1,260,000		60,000

保 険 料

10/31 現 金	224,000	12/31 前払保険料	45,000
		〃　損　益	179,000
	224,000		224,000

(3)

損 益 計 算 書

令和○年1月1日から

大阪商店　　　令和○年12月31日まで　　　（単位：円）

費　　用	金　額	収　　益	金　額
売 上 原 価	4,380,000	売 上 高	8,500,000
給　　料	2,140,000	受 取 手 数 料	120,000
発 送 費	345,000	有価証券評価益	100,000
貸倒引当金繰入	26,000	固定資産売却益	60,000
減 価 償 却 費	625,000		
支 払 家 賃	756,000		
保　険　料	179,000		
消 耗 品 費	82,000		
雑　　費	45,000		
支 払 利 息	20,000		
当 期 純 利 益	182,000		
	8,780,000		8,780,000

貸借対照表

大阪商店　　令和○年12月31日　　（単位：円）

資　産	金　額	負債および純資産	金　額
現　金	2,570,000	買　掛　金	3,600,000
受取手形 1,600,000		資　本　金	7,000,000
貸倒引当金 16,000	1,584,000	当期純利益	182,000
売掛金 1,900,000			
貸倒引当金 19,000	1,881,000		
有価証券	1,920,000		
商　品	1,520,000		
消耗品	12,000		
前払保険料	45,000		
備　品 3,750,000			
減価償却累計額 2,500,000	1,250,000		
	10,782,000		10,782,000

解　説

b．貸倒引当金繰入　（¥1,600,000＋¥1,900,000）
　　×1％－¥9,000＝¥26,000
c．減価償却費　$\dfrac{¥3,750,000－¥0}{6年}$＝¥625,000

4　【p.62】

	借　　方	貸　　方
a	仕　　入 920,000	繰 越 商 品 920,000
	繰 越 商 品 870,000	仕　　入 870,000
b	貸倒引当金繰入 157,000	貸 倒 引 当 金 157,000
c	減 価 償 却 費 81,000	備品減価償却累計額 81,000
d	有価証券評価損 120,000	有 価 証 券 120,000
e	前 払 保 険 料 15,000	保　険　料 15,000
f	支 払 家 賃 35,000	未 払 家 賃 35,000
g	資　本　金 300,000	引　出　金 300,000

(2)

貸 倒 引 当 金			3
	50,000	1/1 前期繰越	76,000
12/31 次期繰越	183,000	12/31 貸倒引当金繰入	157,000
	233,000		233,000

保　険　料			18
	75,000	12/31 前払保険料	15,000
		〃 損　益	60,000
	75,000		75,000

(3)

繰 越 試 算 表

令和○年12月31日

借　方	元丁	勘 定 科 目	貸　方
1,620,000	(省	現　　　　金	
3,660,000		売　　掛　　金	
		貸 倒 引 当 金	183,000
720,000		有 価 証 券	
870,000		繰 越 商 品	
15,000		前 払 保 険 料	
900,000	略)	備　　　　品	
		備品減価償却累計額	243,000
		買　　掛　　金	2,412,000
		借　　入　　金	500,000
		未　払　家　賃	35,000
		資　　本　　金	4,412,000
7,785,000			7,785,000

(4)

損 益 計 算 書

令和○年1月1日から
富山商店　　令和○年12月31日まで　　（単位：円）

費　用	金　額	収　益	金　額
売 上 原 価	6,162,000	売　上　高	8,638,000
給　料	895,000	受取手数料	45,000
広　告　料	420,000		
貸倒引当金繰入	157,000		
減 価 償 却 費	81,000		
支 払 家 賃	420,000		
保　険　料	60,000		
雑　　費	131,000		
支 払 利 息	25,000		
有価証券評価損	120,000		
当 期 純 利 益	**212,000**		
	8,683,000		8,683,000

解　説

(2) 資産・負債・純資産の勘定や貸倒引当金勘定のような評価勘定は残高を次期繰越として締め切り，保険料のような費用の勘定は損益勘定に振り替えて締め切る。

(3) 繰越資産表は，資産・負債・純資産のそれぞれの勘定の残高を集計して作成する。繰越試算表は貸借対照表を作成するさいの基礎資料となるが，勘定の残高を集計したものなので，「商品」ではなく「繰越商品」となり，資本金勘定の残高には引出金¥300,000を整理したうえで，当期純利益¥212,000を加算することに注意する。

資　　本　　金	
引出金 ¥300,000	残高 ¥4,500,000
繰越試算表に記入する額 ¥4,412,000	当期純利益 ¥212,000

5 【p.64】

(1)
	有 価 証 券	5
1/1 前期繰越 1,845,000	12/31 有価証券評価損	45,000
	〃 次期繰越	**1,800,000**
1,845,000		1,845,000

	消 耗 品 費	18
105,000	12/31 有価証券評価損	50,000
	〃 損 益	55,000
105,000		105,000

(2)
総 勘 定 元 帳

	損 益	28
12/31 仕 入 9,850,000	12/31 売 上	12,527,000
〃 給 料 1,697,000		
〃 貸倒引当金繰入 8,000		
〃 減価償却費 135,000		
〃 支払家賃 420,000		
〃 保険料 36,000		
〃 消耗品費 55,000		
〃 雑 費 52,000		
〃 支払利息 29,000		
〃 有価証券評価損 45,000		
〃 資本金 200,000		
12,527,000		12,527,000

(3)
貸 借 対 照 表

茨城商店　　　　令和○年12月31日　　　（単位：円）

資　産	金　額	負債および純資産	金　額
現　金	1,093,000	買 掛 金	2,720,000
当座預金	1,765,000	借 入 金	800,000
売掛金 2,500,000		従業員預り金	75,000
貸倒引当金 50,000	2,450,000	未払家賃	70,000
有価証券	1,800,000	資 本 金	5,200,000
商　品	800,000	当期純利益	200,000
消耗品	50,000		
前払保険料	12,000		
備品 1,500,000			
減価償却累計額 405,000	1,095,000		
	9,065,000		9,065,000

♀ 解 説 ♀

　付記事項が問題文に示されている場合には，決算整理の前に付記事項の仕訳をおこなう。この問題の付記事項による修正仕訳は次のとおりである。

　（借）当座預金 100,000　（貸）売掛金 100,000
決算整理仕訳は次のとおりである。

	借　　方	貸　　方
a	仕　　入 1,470,000	繰 越 商 品 1,470,000
	繰 越 商 品 800,000	仕　　入 800,000
b	貸倒引当金繰入 8,000	貸 倒 引 当 金 8,000
c	減 価 償 却 費 135,000	備品減価償却累計額 135,000
d	有価証券評価損 45,000	有 価 証 券 45,000
e	消　耗　品 50,000	消 耗 品 費 50,000
f	前 払 保 険 料 12,000	保　　険　　料 12,000
g	支 払 家 賃 70,000	未 払 家 賃 70,000

b．貸倒引当金繰入　（¥2,600,000－¥100,000）×2%
　　　　　　　　　　－¥42,000＝¥8,000

6 【p.66】

(1)
	繰 越 商 品	
1/1 前期繰越 1,160,000	12/31 仕 入	1,160,000
12/31 仕 入 1,240,000	〃 次期繰越	1,240,000
2,400,000		2,400,000

	広 告 料	
220,000	12/31 損 益	240,000
12/31 未払広告料 20,000		
240,000		240,000

(2)
損 益 計 算 書

令和○年1月1日から

長野商店　　令和○年12月31日まで　　（単位：円）

費　用	金　額	収　益	金　額
売 上 原 価	7,030,000	売 上 高	9,860,000
給　　料	940,000	受取手数料	60,000
広　告　料	240,000		
（貸倒引当金繰入）	25,000		
（減価償却費）	256,000		
支 払 家 賃	480,000		
保　険　料	45,000		
（消耗品費）	88,000		
雑　　費	107,000		
（有価証券評価損）	120,000		
（当期純利益）	589,000		
	9,920,000		9,920,000

— 19 —

(3)

貸 借 対 照 表

長野商店　　　　令和○年12月31日

資　産		金　額	負債および純資産	金　額
現　金		785,000	買 掛 金	3,220,000
当座預金		1,473,000	所得税預り金	25,000
売掛金	3,300,000		未払広告料	20,000
貸倒引当金	33,000	3,267,000	資 本 金	5,700,000
有価証券		1,680,000	当期純利益	589,000
商　品		1,240,000		
消耗品		70,000		
前払保険料		15,000		
備　品	2,000,000			
減価償却累計額	976,000	1,024,000		
		9,554,000		9,554,000

♀ 解　説 ♀

付記事項が問題文に示されている場合には，決算整理の前に付記事項の仕訳をおこなう。この問題の付記事項による修正仕訳は次のとおりである。

（借）現　　金 100,000 （貸）売掛金 100,000

決算整理仕訳は次のとおりである。

	借　　　方		貸　　　方	
a	仕　　入	1,160,000	繰 越 商 品	1,160,000
	繰 越 商 品	1,240,000	仕　　入	1,240,000
b	貸倒引当金繰入	25,000	貸 倒 引 当 金	25,000
c	減 価 償 却 費	256,000	備品減価償却累計額	256,000
d	有価証券評価損	120,000	有 価 証 券	120,000
e	消 耗 品	70,000	消 耗 品 費	70,000
f	前 払 保 険 料	15,000	保　　険　　料	15,000
g	広 告 料	20,000	未 払 広 告 料	20,000

ｂ．貸倒引当金繰入　（¥3,400,000－¥100,000）×1％
　　　　　　　　　　－¥8,000＝¥25,000

７ 【p.68】

(1)

	借　　　方		貸　　　方	
a	仕　　入	830,000	繰 越 商 品	830,000
	繰 越 商 品	762,000	仕　　入	762,000
b	貸倒引当金繰入	63,000	貸 倒 引 当 金	63,000
c	減 価 償 却 費	320,000	備品減価償却累計額	320,000
d	有価証券評価損	60,000	有 価 証 券	60,000
e	消 耗 品	6,000	消 耗 品 費	6,000
f	前 払 保 険 料	84,000	保　　険　　料	84,000
g	支 払 利 息	3,000	未 払 利 息	3,000

(2)

貸 借 対 照 表

沖縄商店　　　　令和○年12月31日　　　　（単位：円）

資　産		金　額	負債および純資産	金　額
現　金		580,000	支 払 手 形	840,000
当座預金		2,890,000	買 掛 金	2,910,000
受取手形	1,450,000		借 入 金	600,000
貸倒引当金	29,000	1,421,000	未 払 利 息	3,000
売掛金	2,150,000		資 本 金	5,000,000
貸倒引当金	43,000	2,107,000	当期純利益	847,000
有価証券		870,000		
商　品		762,000		
消耗品		6,000		
前払金		200,000		
前払保険料		84,000		
備　品	2,500,000			
減価償却累計額	1,220,000	1,280,000		
		10,200,000		10,200,000

(3)

当期の費用総額	¥　18,212,000

♀ 解　説 ♀

(2) 付記事項が問題文に示されている場合には，決算整理の前に付記事項の仕訳をおこなう。この問題の付記事項による修正仕訳は次のとおりである。

　（借）当座預金 250,000 （貸）売掛金 250,000
　ｂ．貸倒引当金繰入　（¥1,450,000＋¥2,400,000
　　　　　　　　－¥250,000）×2％－¥9,000＝¥63,000

(3) 当期の当期純利益は貸借対照表の貸借差額より¥847,000と算定される。収益の総額は
¥19,056,000＋¥3,000＝¥19,059,000なので，当期の費用総額は¥18,212,000（＝¥19,059,000－¥847,000）と算定できる。

費用の勘定口座の残高をすべて加算する方法によってもよい。その場合には，以下のような計算式で算定される。

売上原価¥12,968,000＋給料¥3,504,000＋貸倒引当金繰入¥63,000＋減価償却費¥320,000＋支払家賃¥996,000＋保険料¥151,000＋消耗品費¥118,000＋雑費¥20,000＋有価証券評価損¥60,000＋支払利息¥12,000＝¥18,212,000

25　伝票の集計と転記

STEP 1 【p.71】

仕 訳 集 計 表
令和○年1月15日

借　方	元丁	勘 定 科 目	元丁	貸　方
782,000		現　　　　　金		135,000
220,000		当 座 預 金		220,000
80,000	省	売 　 掛 　 金	省	272,000
110,000		買 　 掛 　 金		260,000
		前 　 受 　 金		30,000
		売 　　　　 上		630,000
260,000	略	仕 　　　　 入	略	
50,000		旅 　　　　 費		
36,000		水 道 光 熱 費		
6,000		租 税 公 課		
3,000		消 耗 品 費		
1,547,000				1,547,000

♀ **解　説** ♀

　1月15日の2つの取引について未起票なので，以下のように考えて伝票に記入する。

〔振替伝票〕

　（借）売掛金 50,000　　（貸）売　　上 50,000

〔入金伝票〕

　（借）現　　金 30,000　　（貸）前受金 30,000

　そうすると入金伝票の合計金額は，￥782,000となるので，仕訳集計表の現金勘定の借方に￥782,000を記入する。また出金伝票の合計金額￥135,000を現金勘定の貸方に記入する。

　当座預金の借方や費用項目の借方については，同じ勘定科目の出金伝票と振替伝票の借方の合計金額を記入する（現金勘定が増加して同時に当座預金が増加したり費用が発生したりすることはないため）。

　　当座預金の借方金額
　　　　　　￥140,000＋￥80,000＝￥220,000
　　租税公課の借方金額　￥6,000

　売掛金の借方金額については，振替伝票の借方の合計金額を記入する（売掛金が増加するのは売上取引のみであり，掛け売上は振替伝票に記入されるため）。

　　￥30,000＋￥50,000＝￥80,000

STEP 2 【p.72】

1

仕 訳 集 計 表
令和○年3月15日

借　方	元丁	勘 定 科 目	元丁	貸　方
551,000		現　　　　　金		479,000
80,000		当 座 預 金		240,000
		受 取 手 形		40,000
110,000	省	売 　 掛 　 金	省	200,000
280,000		買 　 掛 　 金		300,000
		売 　　　　 上		500,000
		受 取 利 息		1,000
715,000	略	仕 　　　　 入	略	
21,000		租 税 公 課		
3,000		消 耗 品 費		
1,760,000				1,760,000

売 　 掛 　 金

	540,000	230,000
3/15	110,000	3/15 　 200,000

♀ **解　説** ♀

　3月15日の未起票の取引について問題文の指示にしたがって，取引を分解して記帳する。

〔振替伝票〕

　（借）売掛金 70,000　　（貸）売　　上 70,000

〔入金伝票〕

　（借）現　　金 30,000　　（貸）売　　上 30,000

　そうすると入金伝票の合計金額は，￥551,000となるので，仕訳集計表の現金勘定の借方に￥551,000を記入する。また出金伝票の合計金額￥479,000を現金勘定の貸方に記入する。

　費用項目の借方については，同じ勘定科目の出金伝票と振替伝票の借方の合計金額を記入する。この問題では振替伝票には仕入勘定以外の費用項目がないため，出金伝票の金額をそれぞれ租税公課勘定と消耗品費勘定の借方に移記する。仕入勘定の借方には，出金伝票と振替伝票から，￥715,000を移記する。同様に収益の勘定については，入金伝票と振替伝票から貸方に金額を移記する。

2 【p. 73】

仕 訳 集 計 表

令和○年4月20日

借　方	元丁	勘 定 科 目	元丁	貸　方
898,000		現　　　　　金		460,000
450,000		当 座 預 金		155,000
100,000		受 取 手 形		150,000
190,000	省	売　掛　金	省	235,000
200,000		支 払 手 形		
220,000		買　掛　金		80,000
		売　　　　　上		1,248,000
	略	受 取 手 数 料	略	5,000
230,000		仕　　　　　入		
34,000		水 道 光 熱 費		
11,000		消 耗 品 費		
2,333,000				2,333,000

現　　　金

	370,000		110,000
4 /20	898,000	4 /20	460,000

♀ **解　説** ♀

　取引を擬制して, いったん掛けで売り上げたものとして起票するので, 未起票の取引を起票すると以下のようになる。

〔振替伝票〕

　（借）売 掛 金 150,000　（貸）売　上 150,000

〔入金伝票〕

　（借）現　　　金 80,000　（貸）売　上 80,000

　受取手形や売掛金は, 原則として現金で買い入れる資産ではないので, 借方の金額については, 振替伝票の金額を集計する。受取手形や売掛金の貸方の金額については, 入金伝票と振替伝票の貸方の金額を集計する。

3 【p. 74】

仕 訳 集 計 表

令和○年5月25日

借　方	元丁	勘 定 科 目	元丁	貸　方
1,310,000		現　　　　　金		320,000
140,000		当 座 預 金		760,000
200,000		受 取 手 形		
230,000	省	売　掛　金	省	270,000
100,000		支 払 手 形		150,000
200,000		買　掛　金		240,000
		売　　　　　上		940,000
400,000	略	仕　　　　　入	略	
50,000		旅　　　　　費		
12,000		租 税 公 課		
17,000		消 耗 品 費		
20,000		水 道 光 熱 費		
1,000		雑　　　　　費		
2,680,000				2,680,000

当　座　預　金

	1,430,000		124,000
5 /25	140,000	5 /25	760,000

♀ **解　説** ♀

　未起票の取引を仕訳にすると, 以下のようになる。

　（借）売 掛 金 150,000　（貸）売　上 150,000

　当座預金勘定の借方の金額については, 出金伝票と振替伝票の借方の金額を合計する。また, 当座預金勘定の貸方の金額については, 入金伝票と振替伝票の貸方の金額を合計する。そうすると

¥760,000(＝¥430,000＋¥100,000＋¥100,000

＋¥40,000＋¥80,000＋¥10,000)となる。

4 【p. 75】

仕 訳 集 計 表

令和○年6月1日

借　方	元丁	勘 定 科 目	元丁	貸　方
2,030,000		現　　　　　金		1,110,000
210,000		当 座 預 金		490,000
200,000		受 取 手 形		150,000
310,000	省	売　掛　金	省	180,000
250,000		支 払 手 形		150,000
350,000		買　掛　金		553,000
		売　　　　　上		2,010,000
1,281,000	略	仕　　　　　入	略	
9,000		消 耗 品 費		
3,000		雑　　　　　費		
4,643,000				4,643,000

買　掛　金

	2,310,000		3,450,000
6 / 1	350,000	6 / 1	553,000

解 説

支払手形勘定の借方の金額については，出金伝票と振替伝票の借方の金額を集計する。そうすると，¥250,000（＝¥100,000＋¥150,000）となる。買掛金勘定の借方の金額についても出金伝票と振替伝票の借方の金額を集計すると，¥350,000（＝¥190,000＋¥60,000＋¥50,000＋¥50,000）と集計できる。買掛金勘定の貸方の金額については，振替伝票の貸方の金額を集計すると，¥553,000（＝¥230,000＋¥123,000＋¥200,000）となる。

5 【p.76】

仕 訳 集 計 表
令和○年10月21日

借　　方	元丁	勘 定 科 目	元丁	貸　　方
1,271,000		現　　　　　金		1,205,000
690,000		当 座 預 金		878,000
423,000		受 取 手 形		100,000
	省	売 掛 金	省	347,000
570,000		備　　　　品		
50,000		支 払 手 形		
400,000		買 掛 金		625,000
	略	売　　　　上	略	1,236,000
971,000		仕　　　　入		
16,000		消 耗 品 費		
4,391,000				4,391,000

当 座 預 金

	4,111,000		3,543,000
10/21	690,000	10/21	878,000

解 説

売上勘定の貸方の金額については，現金売上を考慮して入金伝票と掛け売上や手形売上などを考慮して振替伝票の貸方科目を集計して¥1,236,000（＝¥190,000＋¥110,000＋¥125,000＋¥78,000＋¥310,000＋¥423,000）を仕訳集計表に移記する。

同様に仕入勘定の借方の金額については，現金仕入を考慮して出金伝票と掛け仕入や手形仕入，当座仕入などを考慮して振替伝票の借方科目が「仕入」となっている伝票を集計して¥971,000（＝¥114,000＋¥132,000＋¥370,000＋¥100,000＋¥100,000＋¥155,000）を仕訳集計表に移記する。

6 【p.77】

仕 訳 集 計 表
令和○年10月21日

借　　方	元丁	勘 定 科 目	元丁	貸　　方
3,058,000		現　　　　金		1,438,000
140,000		当 座 預 金		1,138,000
300,000		受 取 手 形		598,000
290,000	省	売 掛 金	省	138,000
200,000		支 払 手 形		120,000
328,000		買 掛 金		770,000
		売　　　　上		2,190,000
2,059,000	略	仕　　　　入	略	
13,000		消 耗 品 費		
4,000		雑　　　　費		
6,392,000				6,392,000

受 取 手 形

	998,000		400,000
12/20	300,000	12/20	598,000

解 説

費用の勘定科目については，原則として仕訳集計表の借方にのみ記入する。また，入金伝票に費用の勘定科目を記入して起票することはありえないので，出金伝票と振替伝票をチェックして，集計すればよい。たとえば消耗品費勘定の借方については，¥13,000（＝¥5,000＋¥7,000＋¥1,000）を記入する。

7 【p.78】

仕 訳 集 計 表
令和○年2月15日

借　　方	元丁	勘 定 科 目	元丁	貸　　方
2,847,000		現　　　　金		1,024,000
322,000		当 座 預 金		459,000
100,000		受 取 手 形		
1,060,000	省	売 掛 金	省	750,000
250,000		支 払 手 形		100,000
370,000		買 掛 金		940,000
		売　　　　上		2,800,000
	略	受 取 手 数 料	略	9,000
1,110,000		仕　　　　入		
10,000		消 耗 品 費		
13,000		雑　　　　費		
6,082,000				6,082,000

売 上

	230,000		2,096,000
		2/15	2,800,000

解 説

一部振替取引については，取引を分解して記帳しているという問題文の指示があるので，未起票の取引を仕訳にすると次のようになる。

〔入金伝票〕

（借）現　　金　50,000　（貸）売　　上　50,000
〔振替伝票〕
　（借）売掛金　290,000　（貸）売　　上　290,000
　問題文の指示が取引を擬制して，いったん掛け売上として振替伝票に記入し，現金をともなう取引について入金伝票を起票する場合には，次のようになる。
〔入金伝票〕
　（借）現　　金　50,000　（貸）売掛金　50,000
〔振替伝票〕
　（借）売掛金　340,000　（貸）売　　上　340,000

8　【p.79】

仕　訳　集　計　表
令和○年4月30日

借　　方	元丁	勘　定　科　目	元丁	貸　　方
1,623,000		現　　　　　金		1,294,000
100,000		当　座　預　金		80,000
180,000		受　取　手　形		340,000
150,000	省	売　　掛　　金	省	290,000
150,000		支　払　手　形		400,000
522,000		買　　掛　　金		630,000
		売　　　　　上		1,460,000
	略	受　取　手　数　料	略	3,000
1,765,000		仕　　　　　入		2,000
4,000		消　耗　品　費		
5,000		雑　　　　　費		
4,499,000				4,499,000

	仕		入	
	1,240,000			12,000
4/30	1,765,000	4/30		2,000

解　説
　一部振替取引については取引の全体をいったん振替伝票に記入するので，仕訳にすると次のようになる。
〔振替伝票〕
　（借）仕　　入　330,000　（貸）買掛金　330,000
〔出金伝票〕
　（借）買掛金　100,000　（貸）現　　金　100,000
　仕入取引については，出金伝票と振替伝票をチェックする。この問題では仕入の返品（あるいは値引）が発生しているため，振替伝票の貸方にも仕入取引が記入されていることに注意する。

26　固定資産の売却の記帳

STEP 1　【p.80】

	借　　　　方		貸　　　　方	
(1)	備品減価償却累計額	320,000	備　　　品	800,000
	現　　　金	600,000	固定資産売却益	120,000
(2)	備品減価償却累計額	180,000	備　　　品	200,000
	未　収　金	50,000	固定資産売却益	30,000
(3)	建物減価償却累計額	600,000	建　　　物	2,000,000
	現　　　金	800,000		
	未　収　金	400,000		
	固定資産売却損	200,000		

解　説
(1)　売却額￥600,000と備品の帳簿価額￥480,000（＝￥800,000－￥320,000）を比較し，帳簿価額よりも高く売却できたので，固定資産売却益￥120,000を計上する。
(3)　売却額￥1,200,000と建物の帳簿価額￥1,400,000（＝￥2,000,000－￥600,000）を比較し，帳簿価額よりも低い価額で売却したので，固定資産売却損￥200,000（＝￥1,400,000－￥1,200,000）を計上する。

STEP 2　【p.81】

	借　　　　方		貸　　　　方	
(1)	備品減価償却累計額	720,000	備　　　品	1,200,000
	未　収　金	400,000		
	固定資産売却損	80,000		
(2)	備品減価償却累計額	400,000	備　　　品	500,000
	未　収　金	80,000		
	固定資産売却損	20,000		
(3)	備品減価償却累計額	465,000	備　　　品	620,000
	当　座　預　金	205,000	固定資産売却益	50,000
(4)	備品減価償却累計額	600,000	備　　　品	900,000
	未　収　金	230,000		
	固定資産売却損	70,000		

解　説
(3)　備品の売却時の帳簿価額は￥155,000なので，売却価額￥205,000と比較すると，固定資産売却益￥50,000（＝￥205,000－￥155,000）が計上されることになる。また取得原価は￥620,000だったので，備品減価償却累計額は￥465,000（＝￥620,000－￥155,000）と判明する。

27　営業外受取手形と営業外支払手形

STEP 1　【p.82】

	借　　　　方		貸　　　　方	
(1)	備品減価償却累計額	1,400,000	備　　　品	2,000,000
	営業外受取手形	700,000	固定資産売却益	100,000
(2)	当　座　預　金	700,000	営業外受取手形	700,000
(3)	備　　　品	300,000	営業外支払手形	300,000
(4)	営業外支払手形	300,000	当　座　預　金	300,000

♀ **解 説** ♀

(2) 備品を売却したときに受け取った手形なので，営業外受取手形勘定で処理する。

(4) 商品陳列用ケースを購入するさいに振り出した約束手形は，営業外支払手形勘定で処理する。

STEP 2 【p.83】

	借 方		貸 方	
(1)	備品減価償却累計額	1,250,000	備 品	2,000,000
	営業外受取手形	680,000		
	固定資産売却損	70,000		
(2)	備品減価償却累計額	600,000	備 品	900,000
	営業外受取手形	230,000		
	固定資産売却損	70,000		
(3)	備 品	270,000	営業外支払手形	270,000
(4)	営業外支払手形	270,000	当 座 預 金	270,000

♀ **解 説** ♀

(2) 備品の帳簿価額と売却価額を比較して固定資産売却損*₩*70,000を算定する。

備品の売却価額 *₩*230,000	備品の帳簿価額 *₩*300,000
固定資産売却損 *₩*70,000	

28 訂正仕訳

STEP 1 【p.84】

	借 方		貸 方	
(1)	現 金	300,000	売 掛 金	300,000
(2)	売 掛 金	40,000	前 受 金	40,000
(3)	売 上	25,000	売 掛 金	25,000
	買 掛 金	25,000	仕 入	25,000
(4)	買 掛 金	150,000	仕 入	150,000
	備 品	150,000	未 払 金	150,000

♀ **解 説** ♀

間違った仕訳の反対仕訳をおこない，その後に正しい仕訳をおこなうと訂正仕訳となる。

STEP 2 【p.85】

	借 方		貸 方	
(1)	売 掛 金	200,000	前 受 金	200,000
(2)	発 送 費	16,000	雑 費	16,000
(3)	備 品	300,000	消 耗 品 費	300,000
(4)	現金過不足	4,000	現 金	4,000
(5)	売 掛 金	130,000	前 受 金	130,000

♀ **解 説** ♀

(4) 間違っている仕訳の反対仕訳をおこなう。
（借）現金過不足 2,000 （貸）現 金 2,000…①
さらに正しい仕訳をおこなう。
（借）現金過不足 2,000 （貸）現 金 2,000…②
①と②の仕訳を合わせると訂正仕訳となる。

(5) 間違っている仕訳の反対仕訳をおこなう。
（借）売 掛 金 430,000 （貸）現 金 430,000…①
さらに正しい仕訳をおこなう。
（借）現 金 430,000 （貸）売掛金 300,000…②
前受金 130,000
①と②の仕訳を合わせると訂正仕訳となる。

29 受取商品券の処理

STEP 1 【p.86】

	借 方		貸 方	
(1)	受 取 商 品 券	30,000	売 上	30,000
(2)	受 取 商 品 券	35,000	売 上	70,000
	現 金	35,000		
(3)	受 取 商 品 券	10,000	売 上	20,000
	現 金	10,000		
(4)	普 通 預 金	35,000	受 取 商 品 券	35,000

♀ **解 説** ♀

(2) 自治体や百貨店などが発行した商品券を受け取ったときには，受取商品券勘定の借方に記入する。受取商品券は，商品券を発行した自治体や百貨店などに対する商品代金請求権を表すので，資産の勘定となる。

(4) 一定の期日に，商品券を発行した自治体や百貨店などに対して，換金を請求し，該当する金額が支払われた段階で，受取商品券勘定の貸方に記入する。

STEP 2 【p.87】

	（借）			（貸）		
(1)	受 取 商 品 券	30,000		売 上	29,000	
				現 金	1,000	
(2)	受 取 商 品 券	60,000		売 上	90,000	
	現 金	30,000				
(3)	受 取 商 品 券	100,000		売 上	130,000	
	現 金	30,000				
(4)	普 通 預 金	60,000		受 取 商 品 券	60,000	

♀ **解 説** ♀

(1) 商品代金よりも多額の商品券を受け取ったときには，現金などで調整することになる。

30 本支店間の取引

STEP 1 【p.86】

		借	方		貸	方
(1)	本店	現 金	100,000	支 店	100,000
	支店	本 店	100,000	現 金	100,000
(2)	本店	支 店	120,000	仕 入	120,000
	支店	仕 入	120,000	本 店	120,000
(3)	本店	支 店	80,000	支払手形	80,000
	支店	買 掛 金	80,000	本 店	80,000
(4)	本店	支払手形	200,000	支 店	200,000
	支店	本 店	200,000	当座預金	200,000
(5)	本店	支 店	250,000	損 益	250,000
	支店	損 益	250,000	本 店	250,000

♀ 解 説 ♀
(1) 本店では支店勘定，支店では本店勘定を設ける。
(2) 商品を原価で送るときは，仕入勘定で処理する。

STEP 2 【p.89】

	借	方		貸	方
(1)	現 金	280,000	支 店	280,000
(2)	通 信 費	12,000	現 金	18,000
	支 店	6,000		
(3)	広 告 料	180,000	現 金	300,000
	支 店	120,000		
(4)	仕 入	21,000	支 店	21,000
(5)	支 店	240,000	損 益	240,000
(6)	損 益	290,000	支 店	290,000

31 支店相互間の仕訳（本店集中計算制度）

STEP 1 【p.90】

	借	方		貸	方
(1)	現 金	200,000	本 店	200,000
(2)	本 店	100,000	仕 入	100,000
(3)	弘前支店	350,000	八戸支店	350,000
(4)	本 店	80,000	現 金	80,000

STEP 2 【p.91】

	借	方		貸	方
(1)	仙台支店	180,000	白石支店	180,000
(2)	高岡支店	760,000	黒部支店	760,000
(3)	本 店	180,000	現 金	180,000
(4)	大垣支店	530,000	高山支店	530,000
(5)	仕 入	180,000	本 店	180,000

♀ 解 説 ♀
(3) 本店では以下の仕訳をおこなっている。
　（借）松戸支店　180,000　（貸）船橋支店　180,000
(5) 本店では以下の仕訳をおこなっている。
　（借）魚津支店　180,000　（貸）永見支店　180,000

32 本支店の合併（貸借対照表）

STEP 1 【p.93】

(1)

支店勘定残高と本店勘定残高の一致額	¥1,400,000

(2) 貸 借 対 照 表

福岡商店　　　令和○年12月31日

資 産	金 額	負債および純資産	金 額
現 金	350,000	買 掛 金	2,670,000
当 座 預 金	2,300,000	資 本 金	6,000,000
売 掛 金	2,700,000	当期純利益	80,000
商 品	1,470,000		
建 物	1,400,000		
備 品	530,000		
	8,750,000		8,750,000

♀ 解 説 ♀
本店の当期純利益¥200,000－支店の当期純損失¥100,000－未達の旅費¥20,000＝福岡商店全体の当期純利益¥80,000

STEP 2

1【p.94】　貸 借 対 照 表

岩手商店　　　令和○年12月31日

資 産	金 額	負債および純資産	金 額
現 金	650,000	支 払 手 形	1,200,000
当 座 預 金	1,530,000	買 掛 金	2,640,000
受 取 手 形	1,090,000	資 本 金	6,000,000
売 掛 金	2,360,000	当期純利益	470,000
商 品	1,580,000		
建 物	2,300,000		
備 品	800,000		
	10,310,000		10,310,000

♀ 解 説 ♀
未達取引の仕訳を示すと以下のようになる。

	借	方		貸	方
①	仕 入	150,000	本 店	150,000
②	現 金	190,000	支 店	190,000
③	買 掛 金	120,000	本 店	120,000
④	広 告 料	50,000	本 店	50,000

この結果，本店勘定の残高と支店勘定の残高は¥1,305,000で一致することになる。

2 【p.95】

貸 借 対 照 表

富山商店　　　　令和○年12月31日

資　　産	金　額	負債および純資産	金　額
現　　　金	710,000	支 払 手 形	1,350,000
当 座 預 金	1,500,000	買　掛　金	2,760,000
受 取 手 形	1,340,000	資　本　金	6,000,000
売　掛　金	2,390,000	当期純利益	450,000
（商　　品）	1,620,000		
建　　　物	2,000,000		
備　　　品	1,000,000		
	10,560,000		10,560,000

♀ **解　説** ♀

資料の未達事項の仕訳を示すと次のようになる。

	借　　　　　方	貸　　　　　方
①	仕　　　入　130,000	本　　　店　130,000
②	現　　　金　200,000	支　　　店　200,000
③	本　　　店　150,000	売　　掛　金　150,000
④	支　　　店　70,000	受 取 手 数 料　70,000

この結果，本店勘定の残高と支店勘定の残高は₩1,340,000で一致することになる。

3 【p.96】

a	₩　535,000	b	₩　1,381,000
c	₩　630,000		

♀ **解　説** ♀

資料の未達事項の仕訳を示すと次のようになる。

	借　　　　　方	貸　　　　　方
①	仕　　　入　92,000	本　　　店　92,000
②	買　掛　金　165,000	支　　　店　165,000
③	本　　　店　42,000	受 取 手 数 料　42,000
④	広　告　料　36,000	支　　　店　36,000

この結果，本店勘定の残高と支店勘定の残高は₩535,000で一致することになる。

支店の貸借対照表の買掛金については，₩734,000＋支店の買掛金－₩165,000＝₩1,282,000より，₩713,000と算定できる。同様に支店の当座預金は₩660,000と算定できるので，支店の当期純損失は貸借差額より₩188,000である。東部商店全体の当期純利益は本店の当期純利益₩812,000と支店の当期純損失₩188,000，未達事項の受取手数料₩42,000と広告料₩36,000から次の計算で算定できる。

₩812,000－₩188,000＋₩42,000－₩36,000
＝₩630,000（イの金額）。

4 【p.97】

a	₩　986,000	b	₩　1,274,000

♀ **解　説** ♀

12月31日における本支店間の取引を仕訳にすると，次のようになる。

①〔本店〕（借）支　店　24,000　（貸）現　金　24,000
　〔支店〕（借）広告料　24,000　（貸）本　店　24,000
②〔本店〕（借）支　店　59,000　（貸）現　金　59,000
　〔支店〕（借）買掛金　59,000　（貸）本　店　59,000
③〔支店〕（借）仕　入　87,000　（貸）本　店　87,000

また，12月31日における本支店間以外の取引を仕訳にすると，次のようになる。

（借）仕　　　入　195,000　（貸）買掛金　195,000

この結果，支店勘定と本店勘定の残高は₩986,000で一致することになる。

また，本支店合併の買掛金は次の式で計算できる。

₩621,000＋₩517,000－₩59,000＋₩195,000
＝₩1,274,000

33　本支店の合併（損益計算書）

（STEP 1）【p.99】

損 益 計 算 書

令和○年1月1日から

山口商店　　令和○年12月31日まで　　（単位：円）

費　　用	金　額	収　益	金　額
売 上 原 価	8,600,000	売　上　高	9,600,000
給　　料	660,000	受 取 手 数 料	40,000
（貸倒引当金繰入）	30,000		
（減価償却費）	60,000		
広　告　料	138,000		
支 払 利 息	40,000		
（当期純利益）	112,000		
	9,640,000		9,640,000

♀ **解　説** ♀

未達事項の仕訳は以下のようになる。

	借　　　　　方	貸　　　　　方
①	仕　　　入　50,000	本　　　店　50,000
②	広　告　料　3,000	本　　　店　3,000
③	本　　　店　40,000	受 取 手 数 料　40,000

本店の損益計算書と支店の損益計算書の勘定残高を合算し，さらに未達事項を考慮すれば，本支店合併の損益計算書の勘定残高が算出される。たとえば広告料は₩138,000（＝₩100,000＋₩35,000＋₩3,000）となる。また，未達の商品₩50,000については，支店の当期商品仕入高にふくまれると同時に，売り渡されることなく期末商品棚卸高になっているため，売上原価は₩8,600,000（＝₩7,200,000＋₩1,400,000＋₩50,000－₩50,000）となる。

1

a	￥ 584,000	b	￥ 129,000

♀ **解 説** ♀

未達事項の仕訳は以下のようになる。

	借	方		貸	方
①	仕　　　　入	94,000	本　　　　店	94,000
②	買　　掛　　金	163,000	支　　　　店	163,000
③	旅　　　　費	17,000	支　　　　店	17,000
④	本　　　　店	8,000	受 取 手 数 料	8,000

この結果，支店勘定残高と本店勘定残高は￥584,000で一致する。また，問題文の条件より，支店の売上原価は￥1,920,000（＝￥2,400,000－￥480,000）と算定できる。貸借差額により支店の当期純損失は￥168,000と算定できるので，本支店合併後の当期純利益は，￥129,000（＝￥306,000－￥168,000－￥17,000＋￥8,000）と算定できる。

2 【p.101】

a	￥ 841,000	b	￥ 30,000
c	￥ 780,000		

♀ **解 説** ♀

未達事項の仕訳は以下のようになる。

	借	方		貸	方
①	仕　　　　入	217,000	本　　　　店	217,000
②	買　　掛　　金	95,000	支　　　　店	95,000
③	旅　　　　費	35,000	支　　　　店	35,000
④	本　　　　店	51,000	受 取 手 数 料	51,000

この結果，支店勘定残高と本店勘定残高は￥841,000で一致する。また，問題文の条件より，本店の受取手数料は￥30,000（＝￥99,000－￥18,000－￥51,000）と算定できる。また，本支店合併後の当期純利益は，￥780,000（＝￥490,000＋￥274,000－￥35,000＋￥51,000）と算定できる。

3 【p.102】

a	￥ 231,000	b	￥ 8,605,000

♀ **解 説** ♀

未達事項 i を仕訳にすると次のようになる。

（借）仕　　入　70,000　（貸）本　　店　70,000

しかしながら問題文に特に指定がないため，未達の商品については支店の仕入高に加算されるとともに，売り渡されることなく期末商品棚卸高になったことがわかる。そうすると，本支店合併の売上原価￥5,648,000から支店の売上原価￥2,033,000を差し引くと，本店の売上原価は￥3,615,000と判明する。同様に，本店の給料は￥1,296,000（＝￥1,920,000－￥624,000）と判明するので，本店の広告料は￥231,000と算出できる。

本支店合併の当期純利益は本店の当期純利益￥760,000と支店の当期純利益￥346,000を加算して￥1,106,000と算出できる。資本金勘定の次期繰越高については，決算整理前の資本金勘定の残高￥7,780,000から引出金￥281,000を差し引き，当期純利益￥1,106,000を加算して￥8,605,000と算出できる。このときの仕訳は次のようになる。

（借）資本金　281,000　（貸）引出金　281,000
（借）損　益　1,106,000　（貸）資本金　1,106,000

4 【p.103】

a	￥ 536,000	b	￥ 291,000
c	￥ 205,000		

♀ **解 説** ♀

未達事項の仕訳は以下のようになる。

	借	方		貸	方
①	仕　　　　入	92,000	本　　　　店	92,000
②	買　　掛　　金	156,000	支　　　　店	156,000
③	旅　　　　費	13,000	本　　　　店	13,000
④	支　　　　店	7,000	受 取 手 数 料	7,000

この結果，支店勘定残高と本店勘定残高は￥536,000で一致する。また，本支店合併の旅費と未達事項より本店の旅費は￥291,000（＝￥491,000－￥187,000－￥13,000）と算定され，その結果，本店の当期純利益は￥392,000と判明する。本支店合併後の当期純利益は￥205,000（＝￥392,000－￥181,000－￥13,000＋￥7,000）と算出される。

34　本支店合併の計算問題

a	￥ 1,090,000	b	￥ 360,000

♀ **解 説** ♀

(1) 12月31日における本支店の取引の仕訳を示すと次のようになる。

		借	方	貸	方
①	〈本店〉	広 告 料	20,000	現　　金	30,000
		支　　店	10,000		
	〈支店〉	広 告 料	10,000	本　　店	10,000
②	〈本店〉	支　　店	320,000	売 掛 金	320,000
	〈支店〉	現　　金	320,000	本　　店	320,000
③	〈支店〉	現　　金	20,000	本　　店	220,000
		仕　　入	200,000		

③の取引では支店側のみ仕訳をおこなうことに注意する。

(2) 12月30日における本店と支店の広告料の勘定残高の合計に，12月31日の広告料を加算する。

￥200,000＋￥130,000＋￥20,000＋￥10,000
＝￥360,000

1

a	￥ 678,000	b	￥ 1,290,000

♀ **解 説** ♀

(1) 12月31日における本支店の取引の仕訳を示すと次のようになる。

①	〈本店〉	支　店　240,000	現　　金　240,000
	〈支店〉	買 掛 金　240,000	本　店　240,000
②	〈支店〉	仕　入　28,000	本　店　28,000

　②の取引では本店はすでに12月29日に商品を送付しているので，支店のみ仕訳をすることに注意する。

(2)　次のようなボックス図を書いて売上原価を分析する。ただし，資料ⅱ②の商品が支店の期末商品棚卸高に含まれているので，資料ⅱ②の商品については当期の支店の仕入高に加算するのみとなる。

売　上　原　価
本店の（当）	¥102,000	売上原価
支店の（当）	¥49,000	（¥1,290,000）
本店の仕入高	¥793,000	
支店の仕入高	¥500,000	本店の（末）　¥98,000
31日の商品	¥28,000	支店の（末）　¥84,000

2【p.106】

(1)	支店勘定残高と本店勘定残高の一致額	¥536,000
(2)	本店損益計算書の旅費（アの金額）	¥291,000
(3)	本支店合併後の当期純利益（イの金額）	¥205,000

♀ 解　説 ♀

　未達事項の仕訳を示すと以下のようになる。
① （借）仕　入　92,000 （貸）本　店　92,000
② （借）買 掛 金　156,000 （貸）支　店　156,000
③ （借）旅　費　13,000 （貸）本　店　13,000
④ （借）支　店　7,000 （貸）受取手数料　7,000

本　　店
	¥431,000
残　　高	¥92,000
¥536,000	¥13,000

支　　店
¥685,000	¥156,000
	残　　高
¥7,000	¥536,000

本店損益計算書の旅費
（ ア ）＋¥187,000＋¥13,000＝¥491,000
∴　（ ア ）＝¥291,000
本支店合併後の当期純利益
¥392,000－¥181,000－¥13,000＋¥7,000
＝¥205,000

3【p.106】

a	¥ 541,000	b	¥ 7,109,000

♀ 解　説 ♀

(1)　付記事項の仕訳を示すと次のようになる。

①	〈支店〉	仕　入　65,000	本　店　65,000
②	〈本店〉	仕　入　29,000	支　店　29,000

(2)　売上原価のボックス図を作成すると次のようになる。

売　上　原　価
本店の（当）	¥916,000	売上原価
支店の（当）	¥523,000	（¥7,105,000）
本店の仕入高	¥4,742,000	
支店の仕入高	¥2,273,000	本店の（末）　¥837,000
未達の商品	¥94,000	支店の（末）　¥512,000
		未達の商品　¥94,000

4【p.107】

(1)	支店勘定残高と本店勘定残高の一致額	¥ 614,000
(2)	本支店合併後の商品（アの金額）	¥ 1,392,000
(3)	本支店合併後の当期純利益（イの金額）	¥ 1,261,000

♀ 解　説 ♀

(1)　未達事項の仕訳は以下のようになる。
① （借）仕　入　71,000 （貸）本　店　71,000
② （借）買 掛 金 ［　　　］ （貸）支　店 ［　　　］
③ （借）本　店　26,000 （貸）受取手数料　26,000
④ （借）広 告 料　30,000 （貸）支　店　30,000

支　　店 ／ 本　　店
支　店		本　店	
768,000	124,000	26,000	(569,000)
	30,000		71,000
	残高(614,000)	← →	残高(614,000)
		一致	

(2)　¥930,000＋¥391,000＋¥71,000＝¥1,392,000
(3)　本店と支店の当期純利益を合算し，未達事項である受取手数料¥26,000と広告料¥30,000を加減して算定する。
¥881,000＋¥384,000＋¥26,000－¥30,000
＝¥1,261,000

35　株式発行時の記帳

STEP 1 【p.108】

	借　　　　方	貸　　　　方
(1)	当 座 預 金　50,000,000	資　本　金　50,000,000
(2)	当 座 預 金　9,000,000	資　本　金　7,500,000
		資本準備金　1,500,000
	創　立　費　450,000	当 座 預 金　450,000
(3)	当 座 預 金　30,000,000	資　本　金　25,000,000
		資本準備金　5,000,000
	株式交付費　800,000	当 座 預 金　800,000

♀ 解　説 ♀

(1)　株式を発行したとき，全額を資本金に計上する場合は資本準備金勘定は出てこない。
(2)　会社設立時の株式の発行費用は創立費勘定の借方に記入する。
(3)　新株の発行費用は株式交付費勘定の借方に記入する。

	借 方		貸 方	
(1)	当 座 預 金	24,000,000	資 本 金	24,000,000
	創 立 費	470,000	当 座 預 金	470,000
(2)	当 座 預 金	35,000,000	資 本 金	20,000,000
			資 本 準 備 金	15,000,000
	株 式 交 付 費	480,000	当 座 預 金	480,000
(3)	当 座 預 金	24,000,000	資 本 金	24,000,000
	株 式 交 付 費	470,000	当 座 預 金	470,000

36　剰余金の配当と処分

STEP 1 【p.110】

	借 方		貸 方	
(1)	損 益	3,000,000	繰越利益剰余金	3,000,000
(2)	繰越利益剰余金	1,360,000	利 益 準 備 金	80,000
			未 払 配 当 金	800,000
			別 途 積 立 金	480,000
(3)	繰越利益剰余金	1,800,000	損 益	1,800,000

♀ 解 説 ♀
　株主総会の決議時点では配当金は未払いのため，未払配当金勘定で処理する。

STEP 2 【p.111】

	借 方		貸 方	
(1)	繰越利益剰余金	4,123,000	利 益 準 備 金	203,000
			未 払 配 当 金	2,030,000
			別 途 積 立 金	1,890,000
(2)	未 払 配 当 金	3,720,000	当 座 預 金	3,720,000
(3)	繰越利益剰余金	3,779,000	利 益 準 備 金	189,000
			未 払 配 当 金	1,890,000
			別 途 積 立 金	1,700,000

♀ 解 説 ♀
(1)　1株につき￥350の配当金を支払うので，未払配当金は次の計算で算定できる。
　　￥350×5,800株＝￥2,030,000

37　株式会社の税金

STEP 1 【p.112】

	借 方		貸 方	
(1)	法 人 税 等	400,000	仮払法人税等	180,000
			未払法人税等	220,000
(2)	仮払法人税等	1,000,000	当 座 預 金	1,000,000
(3)	未払法人税等	790,000	現 金	790,000
(4)	仮払法人税等	360,000	現 金	360,000

♀ 解 説 ♀
(3)　課税所得をもとに計算した法人税等については，法人税等勘定の借方と未払法人税等勘定の貸方と仮払法人税等勘定の貸方に記入する。それから2か月以内に確定申告をおこない，未払分の未払法人税等を納付し，このときに未払法人税等勘定の借方に記入することになる。

STEP 2 【p.113】

	借 方		貸 方	
(1)	仮払法人税等	1,790,000	現 金	1,790,000
(2)	法 人 税 等	2,950,000	仮払法人税等	1,210,000
			未払法人税等	1,740,000
(3)	未払法人税等	1,200,000	現 金	1,200,000
(4)	仮払法人税等	1,065,000	現 金	1,065,000

♀ 解 説 ♀
　納税の負担を軽減するために中間申告制度があり，前年度の法人税額の2分の1か，中間決算をおこなって納付する。中間申告で納税した金額は，いったん仮払法人税等勘定で処理する。

38　計算問題（その1）

STEP 1 【p.114】

1

(1)	当 期 純 損 失	￥ 170,000
(2)	期 首 純 資 産	￥1,800,000
(3)	期 末 負 債	￥5,710,000

♀ 解 説 ♀
(1)　収益総額￥830,000－費用総額￥1,000,000
　　＝－￥170,000（当期純損失）
(2)　期首資産￥5,200,000－期首負債￥3,400,000
　　＝￥1,800,000（期首純資産）
(3)　期末の資本金勘定のボックス図を書くと次のようになる。

引出金　￥240,000	期首純資産
期末純資産	￥1,800,000
￥1,390,000	当期純損失
	△￥170,000

期末資産￥7,100,000－期末純資産￥1,390,000
＝￥5,710,000（期末負債）

2 【p.114】

(1)	期 末 純 資 産	￥2,000,000
(2)	期間中の費用総額	￥7,500,000

♀ 解 説 ♀
(2)　期末の資本金勘定のボックス図を書くと次のようになる。

期末純資産	期首純資産
￥2,000,000	￥1,200,000
	追加元入額￥300,000
	当期純利益
	￥500,000

収益総額￥8,000,000－当期純利益￥500,000
＝￥7,500,000（費用総額）

STEP 2 【p. 115】

1

(1)	仕　入　高	￥3,945,000
(2)	期首の負債総額	￥1,129,000

♀ 解　説 ♀

仕　　入

期首商品 ￥290,000	売上原価 ￥3,923,000
仕入高 （￥3,945,000）	期末商品 ￥312,000

資　本　金

期首商品 ￥175,000	期首の資本金 （￥2,921,000）
期末の資本金 ￥3,240,000 （＝￥4,120,000 －￥880,000）	追加元入額 ￥200,000
	当期純利益 ￥294,000

　期首の資産総額￥4,050,000から期首の資本金￥2,921,000を差し引くと，期首の負債総額￥1,129,000が算定できる。

2

(1)	仕　入　高	￥5,309,000
(2)	期首の負債総額	￥60,000

♀ 解　説 ♀

仕　　入

期首商品 ￥280,000	売上原価 ￥5,219,000
仕入高 （￥5,309,000）	期末商品 ￥370,000

資　本　金

引　出　金 ￥80,000	期首の資本金 ￥1,290,000
期末の資本金 ￥1,440,000	追加元入額 （￥60,000）
	当期純利益 ￥170,000

39　計算問題（その2）

STEP 1 【p. 116】

①	￥360,000	②	￥180,000	③	損　益

♀ 解　説 ♀
勘定の記入状況から期首には次の期首再振替仕訳がおこなわれている。

（借）前受利息　180,000　（貸）受取利息　180,000
1月・2月・3月分の受取利息を繰り延べているので，1月あたり￥60,000の受取利息を受け取っていることがわかる。6か月ごとに受取利息を受け取っているので，￥360,000（＝￥60,000×6か月）を受け取っていることがわかる（①の金額）。また，当期末にも受取利息3か月分を繰り延べているので，次の仕訳がおこなわれている。

（借）受取利息　180,000　（貸）前受利息　180,000
したがって，②には￥180,000が記入される。この結果，受取利息勘定の残高￥720,000は収益の勘定なので，損益勘定に振り替えられる。

STEP 2 【p. 117】

1

(1)	売　上　高	￥ 4,380,000
(2)	期首の買掛金	￥ 1,580,000

♀ 解　説 ♀
(1) 資本金勘定で12月31日に損益勘定から振り替えられてきた￥350,000は当期純利益である。したがって，売上高は￥4,380,000（＝￥350,000＋￥2,990,000＋￥1,040,000）と計算できる。
(2) 資本金勘定の次月繰越に期末純資産額￥2,150,000（＝￥1,260,000＋￥1,500,000＋￥860,000－￥1,470,000）を代入すると前月繰越￥1,700,000が算定できる。期首の資産総額￥3,280,000（＝￥1,109,000＋￥1,451,000＋￥720,000）から￥1,700,000を差し引いて期首の買掛金は￥1,580,000と算定できる。

2 【p. 118】

a	￥ 23,000	b	￥ 4,487,000	c	￥ 1,541,000

♀ 解　説 ♀
(1) 売上高－当期純利益＝￥6,324,000－￥461,000
　＝￥5,863,000（費用総額）
　￥5,863,000－（￥4,517,000＋￥948,000＋￥375,000）
　＝￥23,000（雑費の金額）
(2) 仕入勘定を分析すると，次のようになる。

仕　　入

期首商品 ￥520,000	売上原価 ￥4,517,000
仕　入　高 （￥4,487,000）	期末商品 ￥490,000

(3) 期末の資本金勘定を分析すると次のようになる。

資　本　金

引　出　金 ￥140,000	期首残高 （￥1,289,000）
期末残高 ￥1,710,000 （＝￥2,960,000 －￥1,250,000）	追加元入額 ￥100,000
	当期純利益 ￥461,000

$¥2,830,000 - ¥1,289,000 = ¥1,541,000$
（期首の負債総額）

3 【p.118】

(1)	仕 入 高	¥ 6,017,000
(2)	期首の資産総額	¥ 2,530,000

♀ 解 説 ♀

(1) 仕入勘定を分析すると，次のようになる。

仕　入

期首商品 ¥460,000	売上原価 ¥5,937,000
仕 入 高 （¥6,017,000）	期末商品 ¥ 540,000

(2)

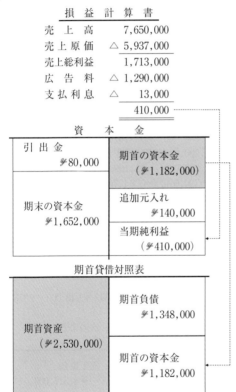

損 益 計 算 書

売 上 高	7,650,000
売 上 原 価	△ 5,937,000
売上総利益	1,713,000
広 告 料	△ 1,290,000
支 払 利 息	△ 13,000
	410,000

資　本　金

引 出 金 ¥80,000	期首の資本金 （¥1,182,000）
期末の資本金 ¥1,652,000	追加元入れ ¥140,000
	当期純利益 （¥410,000）

期首貸借対照表

期首資産 （¥2,530,000）	期首負債 ¥1,348,000
	期首の資本金 ¥1,182,000

40 英文会計

STEP 1 【p.119】

ア	イ	ウ	エ	オ	カ
5	2	3	1	9	7

STEP 2 【p.119】

1

ア	イ	ウ
2	6	1

2 【p.121】

エ	オ	カ
1	3	5

STEP 1 【p.121】

総 勘 定 元 帳

当 座 預 金			2
1 / 1	3,500,000	1 /21	300,000
23	900,000	29	1,200,000

売 掛 金			6
1 / 1	1,550,000	1 /23	900,000
15	1,280,000	27	850,000
17	1,400,000		

支 払 手 形			17
1 /29	1,200,000	1 / 4	1,200,000
		25	600,000

買 掛 金			18
1 /21	300,000	1 / 1	1,700,000
25	600,000	13	800,000
		16	940,000

売 上			24
		1 /15	1,280,000
		17	1,400,000

仕 入			30
1 / 4	1,200,000		
13	800,000		
16	1,040,000		

当 座 預 金 出 納 帳

1

令和○年		摘　　　要	預　入	引　出	借または貸	残　高
1	1	前月繰越	3,500,000		借	3,500,000
	21	岐阜商店に買掛金支払い　小切手＃5		300,000	〃	3,200,000
	23	愛知商店の売掛金回収	900,000		〃	4,100,000
	29	約束手形＃15支払い		1,200,000	〃	2,900,000
	31	**次月繰越**		**2,900,000**		
			4,400,000	4,400,000		

売 掛 金 元 帳

大阪商店

1

令和○年		摘　要	借　方	貸　方	借または貸	残　高
1	1	前 月 繰 越	850,000		借	850,000
	17	売 り 上 げ	1,400,000		〃	2,250,000
	27	回　　　収		850,000	〃	1,400,000
	31	**次 月 繰 越**		**1,400,000**		
			2,250,000	2,250,000		

買 掛 金 元 帳

岐阜商店

1

令和○年		摘　要	借　方	貸　方	借または貸	残　高
1	1	前 月 繰 越		700,000	貸	700,000
	13	仕 入 れ		800,000	〃	1,500,000
	21	支 払 い	300,000		〃	1,200,000
	31	**次 月 繰 越**	**1,200,000**			
			1,500,000	1,500,000		

商 品 有 高 帳

（先入先出法）　　品名　Ａ　品　　　　　　　　　　　　　　　単位：個

令和○年		摘　要	受　入			払　出			残　高		
			数量	単価	金　額	数量	単価	金　額	数量	単価	金　額
1	1	前 月 繰 越	100	4,900	490,000				100	4,900	490,000
	13	岐 阜 商 店	100	5,000	500,000				｛100	4,900	490,000
									100	5,000	500,000
	15	愛 知 商 店				｛100	4,900	490,000			
						50	5,000	250,000	50	5,000	250,000
	16	静 岡 商 店	200	5,200	1,040,000				｛50	5,000	250,000
									200	5,200	1,040,000
	31	次 月 繰 越				｛50	5,000	250,000			
						200	5,200	1,040,000			
			400		2,030,000	400		2,030,000			

♀ 解　説 ♀

問題文の仕訳を示すと次のようになる。

	借　　　方	貸　　　方
1/13	仕　　　　入　800,000	買　掛　金　800,000
15	売　掛　金 1,280,000	売　　　　上 1,280,000
16	仕　　　　入 1,040,000	前　払　金　100,000
		買　掛　金　940,000
17	売　掛　金 1,400,000	売　　　　上 1,400,000
21	買　掛　金　300,000	当　座　預　金　300,000
23	当　座　預　金　900,000	売　掛　金　900,000
25	買　掛　金　600,000	支　払　手　形　600,000
27	受　取　手　形　850,000	売　掛　金　850,000
29	支　払　手　形 1,200,000	当　座　預　金 1,200,000

STEP　2　【p.124】

総 勘 定 元 帳

買　　掛　　金　　　　18

1/6		7,000	1/1		350,000
25		200,000	5		480,000
			17		150,000

仕　　　　入　　　　30

1/5		480,000	1/6		7,000
17		153,000			

買　掛　金　元　帳

富　山　商　店　　　　1

1/6		7,000	1/1		120,000
			5		480,000

福　井　商　店　　　　2

1/25		200,000	1/1		230,000
			17		150,000

— 34 —

令和○年		摘　要		内　訳	金　額
1	5	富山商店	掛け		
		A　品　400個　@￥500		200,000	
		B　品　800〃　〃〃350		280,000	480,000
	6	富山商店	掛け返品		
		B　品　20個　@￥350			7,000
	17	福井商店	掛け		
		C　品　500個　@￥300		150,000	
		引取運賃現金払い		3,000	153,000
	31	総　仕　入　高			633,000
		仕　入　返　品　高			7,000
		純　仕　入　高			626,000

商　品　有　高　帳

(先入先出法)　　　　　　　　　　　(品名)　A　品　　　　　　　　　　　単位：個

令和○年		摘　要	受　入			払　出			残　高		
			数量	単価	金　額	数量	単価	金　額	数量	単価	金　額
1	1	前 月 繰 越	100	490	49,000				100	490	49,000
	5	富 山 商 店	400	500	200,000				{100	490	49,000
									400	500	200,000
	10	石 川 商 店				{100	490	49,000			
						100	500	50,000	300	500	150,000
	31	次 月 繰 越				300	500	150,000			
			500		249,000	500		249,000			

支 払 手 形 記 入 帳

令和○年		摘要	金　額	手形種類	手形番号	受取人	振出人	振出日		満期日		支払場所	て ん 末	
													日付	摘要
1	25	買掛金支払い	200,000	約手	6	福井商店	当店	1	25	3	25	東銀行本店		

♀ 解説 ♀

問題文の取引を仕訳にすると次のようになる。

	借　　方		貸　　方	
1/5	仕　　　　入	480,000	買　　掛　　金	480,000
6	買　　掛　　金	7,000	仕　　　　入	7,000
10	当　座　預　金	100,000	売　　　　上	400,000
	売　　掛　　金	300,000		
17	仕　　　　入	153,000	買　　掛　　金	150,000
			現　　　　金	3,000
25	買　　掛　　金	200,000	支　払　手　形	200,000

　仕訳をおこなう都度，補助簿に記入していく。なお，17日の取引について仕入取引の発送運賃については仕入帳に記入することに注意する（一方，売上取引の場合には発送費は売上帳には記入しない）。

42　決算

STEP 1　【p. 127】

損　益　計　算　書

令和○年1月1日から

四国商店　　令和○年12月31日まで　　（単位：円）

費　用	金　額	収　益	金　額
売 上 原 価	16,490,000	売　上　高	20,940,000
給　　料	2,160,000	受取手数料	381,000
貸倒引当金繰入	130,000		
減 価 償 却 費	270,000		
支 払 家 賃	1,152,000		
保　険　料	60,000		
消 耗 品 費	48,000		
雑　　費	86,000		
有価証券評価損	80,000		
当 期 純 利 益	845,000		
	21,321,000		21,321,000

付記事項の仕訳を示すと次のようになる。

（借）当座預金　300,000　（貸）受取手形　300,000

決算整理仕訳を示すと，次のようになる。

	借　　　方	貸　　　方
a	仕　　　　　入 1,720,000	繰 越 商 品 1,720,000
	繰 越 商 品 1,850,000	仕　　　　　入 1,850,000
b	貸倒引当金繰入　130,000	貸 倒 引 当 金　130,000
c	減 価 償 却 費　270,000	備品減価償却累計額　270,000
d	有価証券評価損　80,000	有 価 証 券　80,000
e	消 耗 品　25,000	消 耗 品 費　25,000
f	前 払 保 険 料　15,000	保 　 険 　 料　15,000
g	支 払 家 賃　192,000	未 払 家 賃　192,000

STEP 2　【p.128】

損		益	32
12/31 仕　　　入 11,790,000		12/31 売　　　上 15,850,000	
〃 給 　 料 2,460,000		〃 受取手数料　170,000	
〃 貸倒当金繰入　51,000		〃 有価証券評価益　120,000	
〃 減価償却費　450,000			
〃 支 払 家 賃　720,000			
〃 保 険 料　69,000			
〃 消 耗 品 費　92,000			
〃 租 税 公 課　58,000			
〃 雑 　 費　134,000			
〃 支 払 利 息　5,000			
〃 資 本 金　311,000			
16,140,000		16,140,000	

付記事項を示すと次のようになる。

（借）当座預金　200,000　（貸）売 掛 金　200,000

決算整理仕訳を示すと次のようになる。

	借　　　方	貸　　　方
a	仕　　　　　入 1,080,000	繰 越 商 品 1,080,000
	繰 越 商 品 1,250,000	仕　　　　　入 1,250,000
b	貸倒引当金繰入　51,000	貸 倒 引 当 金　51,000
c	減 価 償 却 費　450,000	備品減価償却累計額　450,000
d	有 価 証 券　120,000	有価証券評価益　120,000
e	消 耗 品　31,000	消 耗 品 費　31,000
f	前 払 家 賃　180,000	支 払 家 賃　180,000
g	支 払 利 息　5,000	未 払 利 息　5,000